신방수 세무사의
# 확 바뀐
# 보험 절세 가이드북
실전 편

신방수 세무사의
# 확 바뀐
# 보험 절세 가이드북
## 실전 편

신방수 지음
정원준 감수

두드림미디어

보험상품은 다른 금융상품과는 달리 세제가 복잡한 편이다. 쓰임새가 다양함에 따라 세제의 변화가 심하기 때문이다. 알다시피 보험상품은 보장과 투자, 은퇴 대비용 등으로 널리 이용되고 있다. 이 과정에서 보험료의 지출과 이에 따른 보험금이 발생할 때 세법이 관여하고 있다. 예를 들어 연금을 받으면 연금소득 과세, 사망보험금이 발생하면 상속세나 증여세 과세, 법인이 받으면 법인세 과세 등의 문제가 발생한다. 하지만 보험은 이러한 과정에서 매력적인 상품이 될 수 있다. 부동산만 잔뜩 가지고 있는 상태에서 상속세가 발생하면 이를 감당하기가 힘든 경우가 많은데, 이때 상속세 납부 재원으로 보장성보험에 가입해두면 향후 이 부분이 일부 해결될 수도 있다. 이 외에 법인 대표이사의 은퇴자금을 마련할 때 보험을 활용할 수도 있다. 다만, 이러한 계획들은 세법과 기타 법률 등에서 규정하고 있는 내용들의 범위 내에서 이뤄져야 한다.

이 책《확 바뀐 보험 절세 가이드북(실전 편)》은 이 같은 배경 아래 보험과 관련된 세제를 다루는 모든 이들을 위해 세무전문가의 관점에서 집필했다. 그렇다면 이 책의 장점은 무엇일까?

**첫째, 보험 가입자의 관점에서 다양한 세무상 쟁점을 다뤘다.**

이 책은 총 8장과 부록으로 구성됐다. 1장부터 3장까지는 보험세금에 대한 기초지식을, 4장과 5장은 개인과 개인사업자가 알아야 할 보험세금을, 6장과 7장은 일반인과 재산가들이 궁금해하는 상속과 증여에 대한 보험세금을, 8장은 영리법인의 보험과 관련된 다양한 세무처리법을 체계적으로 다루고 있다. 그리고 부록은 영리법인의 실전 보험마케팅 사례를 다루고 있다.

**제1장** 보험세금을 꼭 알아야 하는 이유
**제2장** 보장성·저축성·연금저축보험 : 세금혜택과 소득세를 확인하라!
**제3장** 보험 계약 : 가입·변경·해지 시 세무상 쟁점을 확인하라!
**제4장** 직장인 : 세금혜택을 받은 후에는 과세에 주의하라!
**제5장** 개인사업자 : 본인과 사업장의 보험 절세법을 구분하라!
**제6장** 개인의 증여 : 보험명의 변경에 유의하라!
**제7장** 재산가의 상속 : 종신보험을 활용하라!
**제8장** 영리법인 : 보험비용처리법에 능숙하라!
**[부록]** 영리법인 실전 보험마케팅

**둘째, 실전에 필요한 사례를 들어 문제해결을 쉽게 하도록 했다.**

이 책은 실무적응력을 높이기 위해 모든 내용을 사례로 엮어 쟁점을 분석했다. 이론과 사례를 결합해서 분석하면 실무적응력이 커지기 때문이다. 이에 더 나아가 실무적으로 알아두면 유용할 정보들은 Tip이나 절세 탐구를 추가해서 정보의 가치를 더했다. 한편 초보자의 관점에서는 보험세금이 상당히 난해하다고 느껴질 수 있다. 이에 저자는 챗GPT의 활용 사례를 군데군데 실었다. 독자들도 법적 해석 등이 필요할 때마다 이를 활용하면 상당한 도움을 받을 수 있을 것이다.

**셋째, 보험에 대한 세무정보를 입체적으로 다뤘다.**

이 책은 보험과 관련해서 발생할 수 있는 세무상 쟁점을 다양한 각도에서 분석했다. 예를 들어 보험상품 종류별로 보험의 가입부터 보험금 수령 시까지 발생할 수 있는 세금문제를 개인과 개인사업자, 법인 등으로 구분해서 세부적으로 다뤘다. 물론 보험상품을 다루는 재무설계사는 세무와 회계 기타 법률 등에 대해서도 두루 알아야 하므로 이들의 시각에 맞춘 정보도 최대한 제공하고자 했다. 이 외에도 최근 과세관청의 보험에 대한 시각이 어떤지 최대한 파악하고자 노력했다. 아무래도 보험에 대한 별도의 세제가 없고 대부분 해석에 의존하고 있는 것이 현실이기 때문이다. 한편, 2021년에 도입된 금융소비자보호법률(금소법)도 중요한 내용이 될 수 있는데, 이에 대한 소개도 포함했다. 이 법률을 위반하면 과태료 등이 부과될 수 있기 때문이다.

이 책은 많은 사랑을 받았던 《보험 세무 가이드북(실전 편)》을 전면 개정한 책에 해당한다. 종전 책의 골격을 유지하면서도 디자인과 내용을 현재의 추세에 맞게 대폭 수정했다. 이에 따라 독자들은 종전보다 한결 쉽게, 다양한 세무정보를 접할 수 있을 것이다. 특히 보험 가입 당사자인 개인과 법인은 물론이고 보험상품을 판매하는 회사와 일선 현장에서 뛰는 재무설계사 그리고 세무처리를 도맡아 하는 세무회계사무소 종사자에게 유용성이 클 것으로 생각한다. 다만, 보험세무에 집중한 관계로 보험과 관련 없는 세무처리법은 생략하거나 간략하게 처리했는데, 이는 저자의 다른 책들로 충분히 커버할 수 있다고 판단했기 때문이다. 예를 들어 개인사업자의 세무처리법은 《N잡러를 위한 1인 사업자 세무 가이드북》, 법인에 대한 세무처리법은 《가족법인 이렇게 운영하라!》, 상속과 증여는 《상속·증여 세무 가이드북》 등을 참고하면 된다.

이 책은 저자의 독창적인 아이디어로 구성한 창작물에 해당한다. 이에 따라 다소 부족한 부분이 있을 수 있는데, 이에 대해서는 개정판을 통해 보완할 것을 약속드린다. 이 책과 관련된 질문이나 기타 세무정보 등이 필요하면 저자가 운영하는 네이버 카페(신방수세무아카데미)를 활용하면 된다.

이 책은 많은 분의 응원과 도움을 받았다. 우선 내용에 대한 오류 및 개선 방향 등을 지적해주신 정원준 세무사님과 삼성생명 이천우 지점장님, ㈜글로벌금융판매 윤호영 지점장님께 감사의 말씀을 드린다. 정원준 세무사님은 현재 한화생명에서 오랫동안 교육 분야를 책임지고 있는 베테랑 세무사에 해당한다.

이 외에도 항상 저자를 응원해주는 카페 회원들, 가족의 안녕을 위해 늘 기도하는 아내 배순자, 자신의 삶을 위해 고군분투하고 있는 두 딸 하영과 주영에게도 감사의 말을 전한다.

아무쪼록 이 책이 보험에 대한 세무지식을 늘리는 데 작은 도움이라도 되었으면 한다.

독자들의 건승을 기원한다.

역삼동 사무실에서
세무사 신방수

일러두기

# 이 책을 읽을 때는 다음 사항에 주의하시기 바랍니다.

## 1. 개정세법의 확인

이 책은 2024년 12월 말에 적용되고 있는 세법을 기준으로 집필했습니다. 실무에 적용 시에는 그 당시에 적용되고 있는 세법을 확인하는 것이 좋습니다. 세법 개정이 수시로 일어나기 때문입니다.

## 2. 용어의 사용

이 책은 다음과 같이 용어를 사용하고 있습니다.

- 소득세법(시행령)→소득법(소득령)
- 법인세법(시행령)→법인법(법인령)
- 상속세 및 증여세법(시행령)→상증법(상증령)
- 종합소득세→소득세
- 금융소비자보호법→ 금소법

## 3. 세무 등 관련 법률정보

- 소득세, 법인세, 양도세 등과 관련된 세무정보는 저자의 카페나 국세청 홈페이지 등에서 알 수 있습니다.
- 단순경비율, 사업자등록 등에 대한 정보는 국세청 홈택스에서 조회할 수 있습니다.

## 4. 책 내용 및 세무상담 등에 대한 문의

책 표지의 안쪽 부분 하단을 참조하시기 바랍니다.
참고로 책에 관한 질문은 저자의 카페에서 자유롭게 할 수 있습니다.

목차

머리말 ······················································································· 4
일러두기 ·················································································· 9

## | 제1장 | 보험세금을 꼭 알아야 하는 이유

개인과 법인이 모든 세금을 알아야 하는 이유 ······························· 17
가입자가 보험세금을 알아야 하는 이유 ····································· 20
보험업계가 보험세금을 알아야 하는 이유 ································· 27
세무업계가 보험세금을 알아야 하는 이유 ································· 31
보험세금을 완벽히 정복하는 방법 ············································ 35
절세 탐구1 종합소득세 과세방법 ············································· 40
절세 탐구2 보험마케팅 시 주의해야 할 금융소비자보호법 ············· 44

## | 제2장 | 보장성·저축성·연금저축보험 : 세금혜택과 소득세를 확인하라!

보험상품과 세금의 관계 ························································ 49
보장성보험과 과세체계 요약 ·················································· 54
저축성보험과 과세체계 요약 ·················································· 58
연금저축보험과 과세체계 요약 ··············································· 62

**절세탐구1** 저축성보험 차익 비과세 변천사 ················ 68

**절세탐구2** 저축성보험의 비과세 마케팅(종합) ················ 76

**절세탐구3** 공적연금소득과 사적연금소득의 과세체계 ················ 81

**절세탐구4** 퇴직연금의 과세체계 ················ 86

**절세탐구5** 보험과 건강보험료의 관계 ················ 89

## | 제3장 | 보험 계약 : 가입·변경·해지 시 세무상 쟁점을 확인하라!

보험 계약과 세무상 쟁점 ················ 95

계약자 또는 수익자의 변경과 세무상 쟁점 ················ 100

보험료의 납입 및 중도인출 등과 세무상 쟁점 ················ 104

보험금의 수령과 세무상 쟁점 ················ 108

보험 계약 해지와 세무상 쟁점 ················ 112

**절세탐구** 명의변경 시 주의해야 할 상속세와 증여세 ················ 115

## | 제4장 | 직장인 : 세금혜택을 받은 후에는 과세에 주의하라!

직장인과 연말정산 구조 ················ 123

근로자의 보장성보험과 세액공제 ················ 127

보장성보험금 수령과 과세체계 ················ 131

직장인의 연금계좌 세액공제와 소득세 과세방법 ················ 134

연금계좌 해지와 과세체계 ················ 139

## | 제5장 | 개인사업자 : 본인과 사업장의 보험 절세법을 구분하라!

개인사업자들의 보험과 과세체계 ·································································145

사업자의 보험료와 절세효과·············································································148

종업원을 위한 단체 보장성보험 ······································································151

종업원의 퇴직연금과 비용처리법 ···································································154

절세탐구 고소득 사업자와 사내근로복지기금·······································158

## | 제6장 | 개인의 증여 : 보험명의 변경에 유의하라!

보험금 증여와 세무상 쟁점·············································································163

보험 계약과 증여세 과세대상 판단 ·······························································167

보험금 증여세 과세요건·····················································································171

보험금 증여재산가액 계산법·············································································174

명의변경과 증여 시기 ························································································178

보험금 증여재산평가법 ······················································································182

보장성보험과 증여세 과세사례 ········································································186

저축성보험과 증여세 과세사례 ········································································189

연금저축보험과 증여세 과세사례 ···································································195

즉시연금보험과 증여세 과세사례 ···································································199

절세탐구1 증여재산공제와 보험마케팅································································205

절세탐구2 증여 시기를 활용하는 보험마케팅 ·················································210

## | 제7장 | 재산가의 상속 : 종신보험을 활용하라!

보험금 상속과 세무상 쟁점·······217

보험 계약과 상속세 과세대상 판단 ·······220

상속세 예측을 위한 계산절차·······224

보험금과 금융재산상속공제·······228

상속세 납부방법·······232

종신보험으로 상속세 납부를 대비하는 방법·······236

절세탐구 상속 보험금을 나누는 방법·······240

## | 제8장 | 영리법인 : 보험비용처리법에 능숙하라!

법인보험과 세무상 쟁점·······245

법인의 보험료 지출과 자산 및 비용의 구분·······248

보험료 지출액과 임직원 근로소득과의 관계·······254

보험금 임직원 지급 시 세무처리법·······259

절세탐구1 법인의 보험상품에 관한 회계처리사례·······264

절세탐구2 임직원에 대한 인건비 규제와 임원 퇴직소득세 계산법·······270

## | 부록 | 영리법인 실전 보험마케팅

법인의 보장성보험 마케팅·······277

법인의 저축성보험 마케팅·······282

퇴직연금과 저축성보험의 동시 마케팅·······287

절세탐구1 CEO와 기업이 자산을 임대차하는 방법·······291

절세탐구2 과다 잉여금과 세무상 쟁점(가지급금, 이익 소각 등 포함)·······295

제**1**장

보험세금을
꼭 알아야 하는
이유

# 개인과 법인이
# 모든 세금을 알아야 하는 이유

　직장생활이나 사업 활동 등과 관계없이 일상생활 중에 다양한 세금 문제에 봉착하는 일이 많다. 예를 들면 소득이 발생하면 소득세(법인세), 집을 사면 취득세 등이 부과된다. 또한, 부모로부터 재산을 물려받으면 상속세나 증여세 같은 세금이 추가되기도 한다. 그런데 이러한 세금은 본인이 직접 해결해야 한다는 문제점이 있다. 물론 외부 전문가의 힘을 빌릴 수는 있겠지만, 전체적인 내용은 본인이 통제할 수 있어야 한다. 그래서 누구라도 세금을 알아야 한다는 것이다. 이를 좀 더 구체적으로 알아보자.

　첫째, 소득에 대한 세금을 통제하기 위해서다.
　만약 근로소득만 있다면 대부분 자동화된 시스템에 의해 세금 정산(연말정산)이 된다. 하지만 요즘 같은 N잡 시대에는 직장인들도 2가지 이상의 소득이 발생할 수 있다. 이자소득부터 사업소득, 기타소득까지 다양한 형태로 발생한다. 이때 이러한 소득이 발생하면 때로는 건강보험료를 포함해서 세금 등이 50% 이상 나올 수 있다.

▶ 직장인이나 개인사업자들은 소득 종류에 따른 세금 정산법을 알아둬야 한다. 물론 법인과 법인의 CEO도 마찬가지이다. 이때 세금이 과도하면 이를 낮추는 방법도 알아두는 것이 좋을 것이다.

둘째, 자산증식에도 세금이 따라붙기 때문이다.

개인 등은 벌어들인 소득을 모두 소비하지 않는다. 이 중 일부는 저축하고, 그 축적된 자금을 바탕으로 부동산이나 주식 등에 투자해서 자산을 늘릴 수도 있다. 그런데 이 과정에서 생각하지도 못한 다양한 세금문제가 발생한다.

▶ 직장인이나 개인사업자 등이 부를 키우기 위해서는 자산에 관련된 세금을 철저히 공부해야 한다. 자산의 취득, 보유, 처분, 상속 또는 증여 등의 과정에서 생각보다 많은 세금이 발생할 가능성이 크기 때문이다.

셋째, 가족들이 당면한 세금문제를 해결할 수 있어야 하기 때문이다.

누구나 세금을 알아야 하는 이유 중 마지막은 바로 가족들을 둘러싼 다양한 세금문제를 해결하기 위해서다. 가족들이 당면한 세금문제에는 다음과 같은 것들이 있다.

• 자녀와 관련된 것 : 자금대여, 증여 등
• 부모와 관련된 것 : 상속, 가족 간 거래, 증여 등

▶ 가족 간에 발생하는 세금문제는 열거할 수 없을 정도로 다양하게 발생한다. 특히 상속과 증여는 세금이 상당히 많으므로 이에 대해서는 꾸준한 관심을 둘 필요가 있다.

OECD는 조세의 부과 대상인 과세물건을 기준으로 조세를 소득 과세, 소비 과세, 재산 과세 등으로 분류하고 있다.

| 소득(income and profits)과세 | 소득세, 법인세 등 |
|---|---|
| 소비(consumption) 과세 | 부가세, 주세, 개별소비세, 교육세 등 |
| 재산(property) 과세 | 상속·증여세, 증권거래세, 인지세, 재산세, 종부세 등 |

# 가입자가 보험세금을
# 알아야 하는 이유

보험(保險, Insurance)은 위험 관리 수단으로, 예상치 못한 사고나 손실에 대비하기 위해 보험사에 일정 금액(보험료)을 지불하고, 사고 발생 시 보험사로부터 보험금을 지급받는 제도에 해당한다. 이 보험은 일반적으로 개인의 재정적 손실을 줄이기 위해 사용되며, 크게 생명보험과 손해보험으로 나눌 수 있다. 다음에서는 가입자들이 보험세금을 알아야 하는 이유를 알아보자.

## 1. 가입자가 보험세금을 알아야 하는 이유

세제 혜택(또는 절세효과)과는 별개로 다양한 세금이 발생하기 때문이다. 실제 현장에서 보면 절세효과만 따지다가 나중에 더 큰 손해를 보는 경우도 종종 목격된다. 하나만 알고 둘은 모른 경우가 많기 때문이다. 따라서 보험에 가입했거나 가입 예정에 있는 가입자들은 본인의 세금에 대해 정확히 이해하고 있어야 한다. 다음에서는 개인과 개인사업자 그리고 법인으로 구분해서 이에 대해 알아보자.

## 1) 개인

현행 보험세금은 개인과 관련해서 다양한 방식으로 전개되고 있다. 그렇다면 개인들이 보험세금을 알면 어떤 점이 좋을까?

첫째, 보험료 납입 시 세액공제를 어떤 식으로 받을 수 있는지 알 수 있다.

세액공제를 받을 수 있는 상품은 보장성보험(100만 원 한도, 12~15% 공제)과 연금저축(600~900만 원 한도, 12~15% 공제)이 있다. 세액공제는 산출세액의 일부를 줄여주는 공제제도를 말한다.

▶ 세법은 개인 스스로가 위험이나 노후 등을 대비할 수 있도록 세제지원을 하고 있다.

둘째, 저축성보험에 가입한 경우 그 실익이 있는지 등을 판단할 수 있다.

예를 들어 매월 150만 원 이하의 금액을 5년 이상 매월 적립하고, 10년 이상 보험을 유지하면 이자소득에 대해서는 비과세가 된다. 그런데 세금을 알면 10년 후 만기가 되었을 때 원금과 이자를 미리 알 수 있고, 비과세 효과를 따져 수익률을 계산할 수 있게 된다.

▶ 세금을 알면 이러한 작업이 순조롭다.

셋째, 보험금을 받거나 연금을 받는 경우 어떤 세금이 발생하는지 알 수 있다.

가입한 보험에서 거액의 보험금이 발생하면 상속세와 증여세의 문제가 발생할 수 있고, 연금을 수령하면 연금소득세에 영향을 줄 수 있다. 또한, 연금수령 중 해지할 수 있는데 이때 소득세 과세문제가 파생된다.

▶ 개인들이 가장 신경 써야 할 부분이 바로 보험금을 받거나 연금소득* 같은 소득이 발생할 때다. 이때 다양한 세금이 발생하기 때문이다.

* 연금소득은 세액공제 등 세제 혜택을 받을 수 있는 연금저축(보험)과 퇴직연금을 통해 수령하는 소득을 말한다. 참고로 세제 혜택이 없는 보험에서 연금형태로 받은 소득은 연금소득이 아닌 이자소득에 해당한다. 혼동하지 않기를 바란다.

### 2) 개인사업자

개인사업자는 본인의 사업과 노후 등을 위해 보험에 가입한다. 따라서 2가지 측면에서 보험세금을 알아야 한다. 그렇다면 이들이 보험세금을 알면 어떤 점이 좋을까?

- 사업과 관련해서는 종업원단체 보장성보험, 자동차보험, 화재보험 등에 가입하게 되는데, 이들 보험에 대해서는 대부분 사업자의 비용으로 처리됨을 알 수 있다.
- 개인과 관련해서는 보장성보험은 세액공제 혜택이 없으나, 연금저축보험은 개인과 같은 혜택을 부여한다. 이 외에 노란우산공제 같은 제도도 있어 이를 활용할 수 있다.

▶ 개인사업자는 사업과 관련한 보험료 지출이 제한적이므로 대부분 앞의 개인과 같은 범주에서 보험세금을 이해하면 된다. 이 책은 특별한 언급이 없으면 개인사업자를 개인에 포함해서 분석하고 있다.

### 3) 법인

법인도 계약의 주체가 될 수 있다. 그런데 법인의 보험료는 상대적으로 고액이다 보니 가입 전에 보험세금에 대한 정확한 이해가 선행되어야 한다. 그렇다면 법인들이 보험세금을 알면 어떤 점이 좋을까?

첫째, 보험료 지출에 대한 비용처리를 어떻게 하는지 알 수 있다.

보험의 성격이 정기보험 같은 보장성보험이라면 대부분 비용처리를 하는 데는 제한이 없다. 하지만 보장성보험 중 종신보험과 저축성보험이라면 자산과 비용으로 나눠서 처리해야 한다.

둘째, 법인이 보험금을 지급받을 때 수익처리를 어떻게 하는지 알 수 있다.

보장성보험의 경우 중도에 해지하거나 보험금을 받으면 법인의 수익으로 처리하는 것이 원칙이다. 하지만 보장성보험 중 종신보험과 저축성보험은 보험료를 초과한 부분만 수익처리가 된다.

셋째, 법인이 수령한 보험금을 대표이사 등의 임원에게 지급하거나 보험증권을 이들에게 이전할 때 관련 세금을 어떤 식으로 처리하는 것이 좋을지 알 수 있다.

법인이 수령한 보험금은 법인의 현금자산이므로 이의 지급에 따른 소득세처리만 제대로 하면 되나, 보험증권을 이전하면 이에 대한 평가문제가 있을 수 있다.

▶ 법인가입자들이 이러한 것들을 놓치면 당초 가입한 취지와 다른 결과가 나와 자칫 손해를 볼 수도 있다.

## 2. 적용 사례

사례를 통해 앞의 내용을 확인해보자.

| 구분 | 보험 계약자* | 피보험자** | 보험 수익자*** |
|---|---|---|---|
| ① 보장성보험<br>(만기환급금 없음) | A | B | A |
| ② 저축성보험 | A | B | A |
| ③ 연금저축보험 | A | A | A |

* 보험사와 계약을 체결한 자를 말한다. 법인도 계약의 주체가 될 수 있다.

** 피보험자는 보험의 보장대상이 되는 사람을 말한다.

*** 보험 수익자는 보험금이 지급될 때 그 금액을 받을 권리가 있는 자(법인 포함)를 말한다. 계약자가 지정할 수 있다.

**Q1.** 위의 보험을 개인과 개인사업자, 그리고 법인이 가입했다고 하자. 세액공제가 적용되는 상품은?

- 개인→① 보장성보험과 ③ 연금저축보험*이 해당한다.

* 세액공제가 적용되는 연금저축보험을 세제적격 연금보험, 세액공제가 적용되지 않는 연금보험을 세제비적격 연금보험이라고도 한다. 이 책에서는 이의 구분기준에 따른 용어를 사용하고 있다.

- 개인사업자→③ 연금저축보험이 해당한다.
- 법인→혜택이 없다.

**Q2.** ① 보장성보험에서 B가 사망하면 사망보험금이 발생한다. A가 개인과 법인이면 이에 대한 세금처리는?

- 개인→아무런 세금이 발생하지 않는다. 사망보험금에 대해서는 소득세가 부과되지 않으며, A가 보험료를 냈고 A가 보험금을 받았기 때문에 상속세와 증여세도 과세되지 않는다.
- 법인→법인이 받은 보험금은 법인의 것이므로 이에 대해서는 법인세가 과세된다.

**Q3.** 개인이 ② 저축성보험에 가입했다고 하자. 여기에서 나온 이자(보험차익)에 대해 비과세를 받기 위해서는 최소한 몇 년 이상 보험을 유지해야 하는가?

10년이다. 이 기간을 지키지 못하면 과세가 되는 한편 보험차익은 커녕 원금도 회수하지 못할 가능성이 있다.

**Q4.** 앞의 보험 중 법인이 ①과 ②의 상품에 가입했다고 하자. 이때 보험료에 대한 절세효과는 어떻게 따지는가?

• 보장성보험→전체 보험료에 9~24%를 곱해서 계산한다.
• 저축성보험→전체 보험료 중 비용 분에 9~24%를 곱해서 계산한다.

▶ 이후 법인이 보험금을 받으면 전자는 전액에 대해 법인세를 과세하며, 후자는 차익에 대해 과세한다.

**Q5.** ③ 연금저축보험에 가입하던 중에 이를 해지하면 어떤 문제가 발생하는가?

연금저축보험 가입 시 세액공제를 받은 상태에서 중도에 계약을 해지하면 이때 수령한 금액에 대해 기타소득세를 과세한다.

▶ 이상의 사례는 보험이 세금과 어떤 연관 관계를 맺고 있는지를 잠깐 보여준 것에 불과하다. 만일 가입자들이 이에 대한 답을 알지 못한다면 제대로 자산관리를 할 수 없는 결과를 초래할 가능성이 크다. 이러한 점 때문에 보험 가입자들이 보험세금을 제대로 알아야 한다는 것이다.

보험약관은 보험 가입자와 보험회사 간의 계약을 규정하는 중요한 문서로 세무처리에서 중요한 역할을 한다. 다음의 표를 참조하자.

| 구분 | 세금 유형 | 약관과의 관계 |
|---|---|---|
| 보험료 납입 | 소득세 세액공제 | 약관에 명시된 보험료 납입 조건 충족 시 보장성보험, 연금저축보험, 퇴직연금 등에 대한 세액공제 혜택 가능 |
| | 비과세 혜택 | 저축성보험의 경우 약관에 명시된 보험 유지 기간(일반적으로 10년 이상)을 충족할 경우 보험금에 비과세 적용 |
| 보험금 수령 | 소득세 비과세, 이자소득세, 기타소득세 | 보험약관에 따른 수령 방식에 따라 사망보험금은 소득세 비과세, 저축성보험은 이자소득세가 비과세 또는 과세될 수 있음. 이 외 연금저축보험을 중도 해지 시 기타소득세가 과세될 수 있음. |
| | 연금소득세 | 연금저축보험 약관에 따른 연금수령 시점과 방식에 따라 일정 금액 이상에 연금소득세 적용 |
| 보험의 상속 및 증여 | 상속세, 증여세 | 약관에서 수익자가 상속자나 증여 대상자로 지정된 경우, 상속형 보험금에 상속 또는 증여세 부과 가능 |

# 보험업계가 보험세금을
# 알아야 하는 이유

　보험을 판매하는 회사나 재무설계사들은 앞에서 본 것과 같은 원리에 따라 세금을 이해하는 것이 성과를 올리는 지름길이 될 수 있다. 개인과 법인의 소득과 자산관리 시 보험세금이 밀접한 관련성을 맺고 있기 때문이다. 특히 가입자들은 보험의 이점(절세효과 등)을 최대한 누리고 싶어 하므로 정확한 세금처리법을 알아야 한다. 거기에 더해 최근 금융소비자보호법의 시행으로 세금에 대해서도 정확한 설명이 뒤따라야 하기 때문이다. 이러한 관점에서 관련 내용을 정리해보자.

## 1. 소득 관련 보험세금

　보험이 개인과 개인사업자 그리고 법인의 소득에 어떤 영향을 주는지 알아보자.

### 1) 개인
　직장인(일부 개인사업자 포함)이 연말정산 등을 할 때 세액공제가 적용되면 소득세가 줄어든다. 여기서 세액공제는 소득세 산출세액에서 보험료 납입액의 12~15% 정도를 공제하는 제도를 말한다. 이렇게 세액공제를 적용하는 이유는 주로 생활 보장과 노후대비 등을 스스로 할 수 있도록 하기 위해서다. 세액공제가 적용되는 보험상품은 다음과 같다.

- 보장성보험→100만 원 한도 내에서 12% 공제(장애인 전용보험은 100만 원 한도로 15% 별도 추가공제)
- 연금저축보험→600만 원 한도 내에서 12~15% 공제(IRP 계좌*에 납입 시 최대 900만 원 한도로 공제)

\* IRP(Individual Retirement Pension) 계좌는 개인형 퇴직연금으로, 근로자나 자영업자가 스스로 가입할 수 있는 퇴직연금 계좌에 해당한다. 보험사, 은행, 증권사 등에서 만들 수 있다.


### 2) 개인사업자와 법인

보험이 사업과 연계되면 소득세나 법인세를 줄일 수도 있다. 여기서 소득세는 개인 사업주, 법인세는 법인에게 부과되는 세금을 말한다. 이들에게 부과되는 소득세나 법인세는 수익에서 비용으로 차감한 금액에 대해 계산하는데, 이때 기업이 납부한 보험료가 비용으로 처리되는 경우가 왕왕 있다. 그 결과 보험료가 이익을 줄이게 되므로 보험료에 의한 세금감소 효과가 발생한다. 예로 화재보험이나 보장성보험 같은 것들이 해당한다.

- 개인사업자→보험료×6~45%
- 법인사업자→보험료×9~24%(소규모 성실 법인 19~24%*)

\* 주업이 임대업 등인 법인으로 상시근로자 수가 5인에 미달한 법인에 대한 법인세율이 인상된다(2025년부터 적용됨).


▶ 기업이 지출하는 보험료가 비용으로 처리되면 소득세나 법인세가 줄어드는 것은 사실이다. 특히 법인의 경우 계약자와 수익자를 법인으로 한 후 받은 보험금

을 대표이사의 퇴직금 재원으로 사용할 수 있다. 이때 퇴직금은 비용에 해당하므로 궁극적으로 법인세를 줄인다. 이러한 원리는 주로 비상장 중소기업으로서 가족 중심으로 주식을 보유한 경우에 활용도가 높다.

## 2. 자산증식 관련 보험세금

### 1) 개인

개인(개인사업자 포함) 자산증식과정에서 보험에 대한 세법의 관여는 주로 목돈 마련을 위한 저축성보험에서 발생한 차익(이자)에 대해 비과세를 하는 정도가 된다. 일반적으로 보험상품 중 원금을 초과하는 차익이 발생하지 않으면 소득세 과세문제는 없다. 소득이 발생한 것이 없기 때문이다. 다만, 10년 이상 유지한 보험차익 중 일정 한도* 내의 저축성보험 차익에 대해서는 이자소득세를 비과세한다.

* 일시납 1억 원, 월적립식 매월 150만 원 이하, 종신형 연금(한도 없음) 등 3가지 유형이 있다(2017년 개정 후).

▶ 개인이 가입하는 저축성보험은 10년 이상 장기로 유지했을 때 비과세가 주어지기 때문에 주로 재산이 많은 재산가층에게 유용성이 있다.

### 2) 법인

현행 세법은 법인의 자산증식에 관해서는 관심이 없다. 따라서 법인이 저축성보험에 가입한 때도 이자소득에 대한 비과세 조치가 없다. 이에 따라 법인에게 발생한 보험차익에 대해서는 무조건 법인세가 과세된다.

## 3. 상속·증여 관련 보험세금

### 1) 증여

보험도 하나의 금융상품에 속한다. 따라서 충분히 증여의 대상이 될 수 있다. 보통 증여는 부모가 증여자가 되고 자녀가 수증자가 되는 식으로 진행되는 경우가 많다. 이때 자녀의 나이가 19세 이상이면 민법상 성년자에 해당해 증여공제 5,000만 원이 적용되나, 그 미만이면 2,000만 원밖에 적용되지 않는다. 참고로 보험은 펀드나 주식 같은 금융자산과는 달리 증여의 시기, 재산평가방법 등에서 차이가 발생하므로 관련 규정을 정확히 이해해야 한다.

▶ 보험 증여세는 앞의 증여공제 범위 내에서는 발생하지 않는다. 따라서 보험료를 부모가 대신 내주든 본인이 내든 수령하는 보험금이 소액이면 증여세 문제는 거의 발생하지 않는다. 따라서 보험 증여세 과세문제는 고액재산가층에 국한될 가능성이 크다. 고액재산가층으로부터 계약을 추진하고자 한다면 이와 관련된 세금문제를 정확히 풀어내야 한다.

### 2) 상속

재산을 많이 보유한 상태(실무적으로 10억 원 이상)에서 사망하면 상속세가 발생한다. 이때 상속세는 원칙적으로 현금으로 납부해야 하나 현금이 없으면 부동산을 처분하는 등 상당한 어려움을 겪게 된다. 이때 보험에 미리 가입해두면 일부나마 보험금으로 상속세를 납부할 수 있는 이점이 있다.

▶ 보험에 의한 상속세 납부도 역시 고액재산가층에게 어필할 수 있는 수단이다. 상속세가 걱정 없는 층에는 정보의 가치가 없을 수 있다.

# 세무업계가 보험세금을
# 알아야 하는 이유

세무업계가 보험세금을 알아야 하는 이유는 개인 고객에 대한 종합소득세와 법인에 대한 세무회계를 담당하는 경우가 많기 때문이다. 이를 좀 더 구체적으로 알아보자.

## 1. 세무업계가 알아야 할 보험세금

### 1) 개인 관련 보험세금

개인과 관련해서 세무업계가 보험세금을 정확히 알아야 하는 이유는 다음과 같다.

- 연말정산 시 세액공제→국세청 홈택스 등에서 자동으로 정보를 제공해주므로 쟁점이 없다.
- 종합소득세 신고→저축성보험 차익이나 연금소득 등에 대한 소득세 과세방식 및 건강보험료에 어떤 영향을 주는지를 최종적으로 확인할 수 있어야 하기 때문이다.

• 상속세 신고→보험금이 상속세 또는 증여세 과세대상이 되는지 등을 판단할 수 있어야 하기 때문이다. 또한, 상속세 신고 시 상속재산에 포함되는지, 비과세 되는지도 판단할 수 있어야 하기 때문이다.

### 2) 개인사업자 관련 보험세금

개인사업자와 관련해서 세무업계가 보험세금에 대해 정확히 알아야 하는 이유는 다음과 같다.

• 종합소득세 신고→종업원단체 보장성보험에 대한 비용처리와 사업자에 대한 연금저축보험 세액공제, 노란우산공제 등에 대한 업무처리를 하기 위해서다.

### 3) 법인 관련 보험세금

법인과 관련해서 세무업계가 보험세금에 대해 잘 알아야 하는 이유는 다음과 같다.

• 법인세 신고→보장성보험과 저축성보험 보험료에 대한 비용처리, 보험금을 임직원에게 지급할 때 비용처리 등을 안전하게 하기 위해서다.

## 2. 적용 사례

K 법인은 다음과 같이 보장성보험에 가입했다.

- 계약자와 수익자는 K 법인이며, 피보험자는 대표이사임.
- 월 보험료 : 500만 원
- 보험기간 : 75세
- 만기환급금 없는 보장성보험에 해당함.

**Q1.** 이 보험료는 전액 비용처리가 가능한가?

그렇다. 이처럼 보장성보험료는 전액 비용처리가 되는 경우가 원칙이다. 물론 한도도 없다.

**Q2.** 만일 보험료를 10년간 납입한 경우 이에 대한 법인세 절세효과는? 단, 세율은 19%를 적용하며, 지방소득세는 제외한다.

- 1년간 : 6,000만 원×19%=1,140만 원
- 10년간 : 1,140만 원×10년=1억 1,400만 원

**Q3.** 만일 보험료를 10년간 납입한 상태에서 해지해 5억 원을 수령한 경우라면 이에 대해서는 법인세가 얼마나 나올까?

- 법인세(반 절세효과) : 5억 원×19%=9,500만 원

**Q4.** 사례의 경우 10년 후 해지 시 현금흐름의 양상은 어떻게 되는가? 단, 화폐가치는 고려하지 않는다.

| 구분 | 금액 | 비고 |
|---|---|---|
| 보험료 유출 | △6억 원 | |
| +보험료 절세효과(유입) | 1억 1,400만 원 | 보험료×19% 가정 |
| +보험금 입금(유입) | 5억 원 | |
| 보험금 법인세(유출) | △9,500만 원 | 보험금×19% 가정 |
| =순 현금유출 | △8,100만 원 | |

**Q5.** 만일 Q4에서 보험금 입금액을 대표이사의 퇴직금으로 처리하면 보험 가입으로 인한 현금흐름은 어떻게 되는가? 단, 퇴직소득세는 고려하지 않기로 한다.

| 구분 | 금액 | 비고 |
|---|---|---|
| 보험료 유출 | △6억 원 | |
| +보험료 절세효과(유입) | 1억 1,400만 원 | 보험료×19% 가정 |
| +보험금 입금(유입) | 5억 원 | (퇴직금 사용) |
| 보험금 법인세(유출) | △9,500만 원 | 보험금×19% 가정 |
| +퇴직금 지급(유입) | 9,500만 원 | 퇴직금×19% 가정 |
| =순 현금 유입 | 1,400만 원 | |

**Q6.** 만일 해지환급률이 70%인 경우의 현금흐름 양상은?

| 구분 | 금액 | 비고 |
|---|---|---|
| 보험료 유출 | △6억 원 | |
| +보험료 절세효과(유입) | 1억 1,400만 원 | 보험료×19% 가정 |
| +보험금 입금(유입) | 4억 2,000만 원 | (퇴직금 사용) |
| 보험금 법인세(유출) | △8,000만 원 | 보험금×19% 가정 |
| +퇴직금 지급(유입) | 8,000만 원 | 퇴직금×19% 가정 |
| =순 현금유출 | △6,600만 원 | |

▶ 이처럼 법인이 절세효과만을 가지고 보험에 가입한 경우에는 현금흐름 양상이 다양하게 발생할 가능성이 있다. 참고로 이러한 분석에서는 중도해지 시 환급률이 얼마나 되는지가 결정적인 변수가 될 수 있다.

# 보험세금을
# 완벽히 정복하는 방법

이상과 같이 보험세금에 관련되는 층은 그 폭이 상당히 넓다. 따라서 본인의 상황에 맞게 보험세금을 관리할 수 있어야 한다. 다음에서는 주로 가입자의 관점에서 보험세금을 정복하는 방법에 대해 알아보자.

첫째, 세금의 효과를 충분히 이해한다.

보험에 가입할 때는 이로 인한 효과를 여러 방면에서 제대로 따져볼 필요가 있다. 이러한 효과 중에는 세금과 관련된 것도 상당하다. 예를 들어 세액공제가 적용되는 경우에는 이에 대한 세금 절감효과가 얼마가 되는지, 이자소득에서 제외되는 저축성보험도 절세효과가 얼마나 되는지 등을 구체적으로 따질 수 있어야 한다.*

* 챗GPT의 도움을 받으면 많은 것들이 해결될 수 있다.

둘째, 세법의 기본에 충실히 한다.

실무적으로 보면 보험세금에 관한 법 규정이 체계적으로 되어 있지 않은 관계로 사례별로 국세청 해석에 의존해서 일 처리가 되는 실정이다. 그 결과 국세청의 해석이 상반되는 경우도 다수 존재해 실무자들을 혼란스럽게 하는 경우가 종종 있다. 따라서 이럴 때일수록 세법의 기본에 맞춰 충실히 일을 처리할 필요가 있다. 세법의 기본이란 국회에서 만들어진 법률과 이를 바탕으로 정해진 시행령이나 시행규칙을 바탕으로 일 처리를 하는 것을 말한다. 따라서 평소에 법조문에 어떤 규정들이 있고 이를 어떻게 적용하는지 이해하는 것이 필요하다.

셋째, 국세청의 입장을 늘 확인한다.

현실적으로 모든 경제적인 현상을 세법에 담을 수는 없다. 이에 따라 필연적으로 국세청의 해석(예규)에 따라 일 처리를 할 수밖에 없는 경우가 많다. 물론 국세청 해석은 특정 사안에만 적용되는 것이 원칙이나, 실무적으로 유사한 건에도 적용되는 경우가 많다. 따라서 국세청의 입장이 어떤 식으로 전개되고 있는지 이에 늘 관심을 둘 필요가 있다.

넷째, 계약 전에 반드시 세무위험을 점검한다.

보험을 둘러싸고 다양한 세금 관계가 발생한다. 보험상품의 종류가 다양하고, 이해관계자가 다수 발생하며, 수익의 종류도 다양하기 때문이다. 따라서 가입자들은 보험세금에 대해 정확히 이해하는 동시에 중요한 건에 대해서는 반드시 전문가의 확인을 받아 처리하는 것이 좋다.

---

**Tip** | **보험의 주요 3대 세금**

보험에 대한 세무처리를 잘하기 위해서는 우선 소득세(종합소득세, 퇴직소득세 등 포함), 상속·증여세 그리고 법인세에 대한 세무지식이 있어야 한다. 이들을 보험의 주요 3대 세금이라고 한다. 다음에서 이러한 세목에 대한 주요 내용만 정리해보자.

1. 과세방법
앞에서 언급된 각 세목에 대한 과세방법을 간략하게 살펴보면 다음과 같다.

| 구분 | | 과세방법 |
|---|---|---|
| 소득세 | 종합소득* | (종합소득금액−소득공제)×6~45% |
| | 분류소득 | · 양도소득 : (양도소득−각종 공제)×50%, 40%, 6~45% 등<br>· 퇴직소득 : (퇴직소득−각종 공제)×6~45%(연분연승법) |
| 상속세 | | (상속재산가액−채무 등−상속공제액)×10~50% |
| 증여세 | | (증여재산가액−증여공제액)×10~50% |
| 법인세 | | (익금−손금)×9~24% |

* 금융소득에 대해서는 별도로 금융소득 종합과세(비교 과세)가 적용된다. 한편, 종합소득에 비과세와 분리과세 소득은 제외된다.

실무적으로 이러한 세목들에 대한 세금계산 정도는 자유롭게 할 수 있어야 한다.

## 2. 세율

세율은 세금의 크기를 결정한다는 측면에서 매우 중요한 의미를 담고 있다. 2024년 이후에 적용되고 있는 세율을 세목별로 살펴보자.

### 1) 종합소득세율

종합소득세율은 6~45%의 누진세율 구조로 되어 있다. 누진세율은 과세표준이 커질수록 세율도 증가하는 세율구조를 말한다.

| 과세표준 | 세율 | 누진공제액 |
|---|---|---|
| 1,400만 원 이하 | 6% | – |
| 5,000만 원 이하 | 15% | 126만 원 |
| 8,800만 원 이하 | 24% | 576만 원 |
| 1억 5,000만 원 이하 | 35% | 1,544만 원 |
| 3억 원 이하 | 38% | 1,994만 원 |
| 5억 원 이하 | 40% | 2,594만 원 |
| 10억 원 이하 | 42% | 3,594만 원 |
| 10억 원 초과 | 45% | 6,594만 원 |

## 2) 상속·증여세율

상속과 증여세율은 다음과 같이 동일하다.

| 과세표준 | 세율 | 누진공제액 |
|---|---|---|
| 1억 원 이하 | 10% | – |
| 1억 원 초과 5억 원 이하 | 20% | 1,000만 원 |
| 5억 원 초과 10억 원 이하 | 30% | 6,000만 원 |
| 10억 원 초과 30억 원 이하 | 40% | 1억 6,000만 원 |
| 30억 원 초과 | 50% | 4억 6,000만 원 |

참고로 세대를 건너뛴 상속이나 증여에 대해서는 원칙적으로 산출세액의 30~40%를 할증해서 과세한다. 예를 들면 피상속인의 자녀가 있는데도 불구하고 손자나 손녀에게 상속하는 경우가 이에 해당한다.

## 3) 법인세율

법인기업이 벌어들이는 소득에 대해서는 법인세가 과세된다. 그런데 이러한 법인세는 앞의 종합소득세와는 달리 과세표준 및 세율체계가 다르다.

| 과세표준 | 일반법인 | 소규모 성실 법인* |
|---|---|---|
| 2억 원 이하 | 9% | 19% |
| 2억~200억 원 이하 | 19% | |
| 200억~3,000억 원 이하 | 21% | 21% |
| 3,000억 원 초과 | 24% | 24% |

\* 주업이 임대업 등이고 상시근로자 수가 5인 미만인 법인을 말한다. 2025년부터 이들 법인에 대한 법인세율이 인상된다(2024년 12월 10일에 확정됨).

▶ 이 책은 이러한 세목을 중심으로 이에 대한 세무처리법을 정확히 전달하는 것을 목표로 하고 있다.

• 직장인→종합소득세(연말정산)

- 개인사업자→종합소득세(사업소득)
- 재산가→종합소득세(금융소득 종합과세), 상속세, 증여세
- 영리법인→법인세, CEO 퇴직소득세

※ 보험 관련 주요 개정세법(연혁)과 정부의 세제 정책 동향

| 연월일 | 개정 내용 | 주요 내용 |
|---|---|---|
| 1. 2003년 12월 30일 (신설) | 상속·증여세 완전포괄주의 도입 (상증법 제2조) | 상속 및 증여재산의 과세 범위 확장. 보험금을 포함한 다양한 자산에 대해 상속·증여세 과세 가능성 증가 |
| 2. 2004년 1월 1일 | 비과세보험 유지 기간 연장 | 저축성보험 차익 비과세 7년→10년으로 연장 |
| 3. 2013년 2월 14일 | 상속형 즉시연금 명의 변경 시 증여세 강화 (서면법규과-166) | · 2013. 2. 14 전 변경 : 보험사고가 발생한 날 증여<br>· 2013. 2. 14 이후 변경 : 변경일 증여 |
| 4. 2013년 2월 15일 | 저축성보험 비과세 요건 강화 (소득령 제25조)* | · 비월납식(일시납) 한도 도입 : 2억 원<br>· 명의변경 시 비과세 기간 :<br>　- 2013. 2. 15 전 계약 : 최초 가입일~10년 이상 유지 시 비과세<br>　- 2013. 2. 15 이후 계약 : 변경일~10년 유지 시 비과세 |
| 5. 2017년 2월 3일 | 저축성보험 비과세 한도 축소(소득령 제25조) | · 월납식 :<br>　- 2017. 3. 31 전 계약 : 한도 없음.<br>　- 2017. 4. 1 이후 계약 : 월 150만 원<br>· 비월납식(일시납) :<br>　- 2017. 3. 31 전 계약 : 2억 원<br>　- 2017. 4. 1 이후 계약 : 1억 원<br>· 종신형 연금 : 없음(종전과 동일). |

\* 보장성보험을 저축성보험으로 변경하거나 기본보험료의 1배 초과해서 증액한 경우 등에 관한 내용은 2장에서 살펴본다.

▶ 보험과 관련된 세제는 2017년 2월 3일 이전에 대부분 정비되었으므로 당분간 현행의 세제 틀이 그대로 유지될 것으로 보인다.

종합소득세(소득세)는 개인의 보험세금을 이해하는 데 매우 중요한 세목이다. 보험에서 발생한 소득도 소득세의 과세방식에 따라 과세의 내용이 확 달라지기 때문이다. 다음에서 소득세 과세원칙을 정리해보자. 법인세는 간단히 처리할 수 있는데 이에 대해서는 8장을 참조하기 바란다.

## 1. 과세소득의 범위

현행 소득법에서는 과세소득을 ① 이자소득 ② 배당소득 ③ 사업소득 ④ 근로소득 ⑤ 연금소득 ⑥ 기타소득 ⑦ 퇴직소득 ⑧ 양도소득 등의 8가지로 구분하고 있다. 한편 소득세는 원칙적으로 소득법에 열거된 것만 과세하는 소득원천설을 채택하고 있다.

### ※ 보험상품과 소득 종류
보험상품별로 발생할 수 있는 소득 종류를 요약하면 다음과 같다.

| 구분 | 이자소득 | 배당소득 | 연금소득 | 기타소득 | 퇴직소득 | 양도소득 |
|---|---|---|---|---|---|---|
| 보장성보험 | - | - | - | - | - | - |
| 저축성보험 | ○ | - | - | - | - | - |
| 연금저축보험* | - | - | ○ | ○ | - | - |
| 퇴직연금** | - | - | ○ | ○ | ○ | - |

\* 연금저축보험에 가입 후 연금을 받으면 연금소득으로 분류되나 중도에 해지해서 받은 소득은 기타소득으로 분류한다(단, 부득이한 사유에 의한 중도해지 시에는 연금소득으로 분류된다).

\*\* 퇴직연금에 가입 후 연금을 받으면 연금소득으로 분류되나, 일시금으로 받는 경우에는 퇴직소득으로 분류된다. 그런데 퇴직연금 운용수익도 연금소득에 해당하나, 이를 임의로 중도해지해 일시금으로 받으면 기타소득으로 분류된다. 퇴직연금 등 사적연금 소득에 대한 과세체계는 81페이지를 참조하기 바란다.

**Q1.** 연금소득과 이자소득을 구분하는 이유는 뭘까?

연금소득에 대한 세금을 약하게 처리하기 위해서다. 연금소득은 보통 노후에 소득이 없을 때 발생하므로 세금을 약하게 처리하는 것이 올바른 세법의 태도다. 이에 반해 이자소득은 자본의 대가에 해당하므로 이에 대해서는 정상적으로 과세하는 것이 세법의 태도다.

**Q2.** 중도에 연금저축을 해지하면 연금소득이 아닌 기타소득으로 본다. 왜 그럴까?

연금소득은 노후와 관련이 있으므로 3~5%의 세율로 과세한다. 그런데 중도에 연금저축을 해지해서 일시금을 받게 되면 정상과세를 할 수밖에 없다. 세법은 이러한 일시금을 기타소득으로 구분해 15%로 원천징수하도록 하고 있다.

**Q3.** 퇴직연금(원금)도 연금소득으로 보아 이연 퇴직소득세의 60~70% 수준에서 원천징수를 한다. 그런데 연금이 아닌 일시금을 받으면 왜 퇴직소득으로 볼까?

원래 퇴직금을 일시금으로 받으면 퇴직소득세로 과세한다. 그러던 것을 연금으로 나눠 받으면 연금소득으로 보아 저렴하게 과세한다. 하지만 이를 포기하고 일시금을 받으면 원래대로 돌아가는 것이다.

## 2. 과세방식

### 1) 원칙 : 종합과세

종합과세란 소득 종류와 관계없이 일정한 기간을 단위로 합산해 과세하는 방식을 말한다. 종합과세되는 소득을 좀 더 구체적으로 살펴보면 다음과 같다.

| 소득 종류 | 내용 |
|---|---|
| 이자소득과 배당소득<br>(금융소득) | · 금융소득 2,000만 원 이하 : 분리과세<br>· 금융소득 2,000만 원 초과 : 종합과세 |
| 사업소득 | 사업소득은 다른 소득에 무조건 합산해야 함. |
| 근로소득 | 근로소득도 다른 소득에 무조건 합산해야 함. |
| 연금소득 | · 공적연금소득 : 무조건 종합과세<br>· 사적연금소득(분리과세연금소득은 제외)<br>  – 수령액이 1,500만 원 이하 : 3~5% 분리과세와 종합과세 중 선택<br>  – 수령액이 1,500만 원 초과 : 15% 분리과세와 종합과세 중 선택<br>   (선택적 분리과세라고 함) |
| 기타소득 | · 원천징수로 납세의무가 종결되는 것(무조건 분리과세) : 복권 당첨소득,<br>  연금저축 중도해지분* 등<br>· 무조건 종합과세 : 기타소득 금액 300만 원 초과 시<br>· 선택적 분리과세 : 기타소득 금액 300만 원 이하 시(분리과세와 종합<br>  과세 중 선택) |

* 연금저축을 중도에 해지해서 일시금을 받으면 기타소득으로 분리과세된다.

## 2) 예외 : 분류 과세와 분리과세

### ① 분류 과세

분류 과세란 퇴직소득·양도소득을 다른 소득과 구별해서 별도로 과세하는 방식을 말한다. 이러한 소득은 비교적 장기간에 걸쳐 발생하는 소득이므로 단기간에 발생한 소득에 합산하면 많은 세금이 부과될 수 있어 별도로 과세한다.

### ② 분리과세

분리과세란 다른 소득에 합산해서 과세하는 것이 아니라 그 소득이 지급될 때 소득세를 원천징수함으로써 과세를 종결하는 것을 말한다. 이에는 분리과세이자소득, 분리과세배당소득, 분리과세주택임대소득, 일용근로자의 급여, 분리과세연금소득*, 분리과세기타소득** 등이 있다.

* 퇴직연금(원본)을 수령(퇴직소득세의 60~70%)하거나, 사망 등에 의해 연금저축 해지(3~5%) 시 무조건 분리과세로 납세의무가 종결된다.

** 연금저축을 임의로 중도해지 시에는 기타소득(15%)으로 원천징수되는데, 이 경우에도 무조건 분리과세로 납세의무가 종결된다.

### 3) 선택적 분리과세

앞의 분리과세연금소득 외의 사적연금수령액은 6~45%의 종합과세와 3~5% 분리과세(단, 1,500만 원 초과 수령 시는 15%) 중 하나를 선택할 수 있다. 이를 선택적 분리과세라고 한다.

---

**Tip** | **금융소득 종합과세와 건강보험료의 관계 등**

금융소득 종합과세는 이자와 배당소득의 합계액이 연간 2,000만 원을 초과하면 6~45%로 과세된다. 이를 표로 표현하면 다음과 같다.

| | | |
|---|---|---|
| 2,000만 원 초과분 | ▶ | 6~45% 적용 |
| 2,000만 원 이하분* | ▶ | 14% 적용 |

\* 2,000만 원 기준금액에는 비과세되거나 무조건 분리과세를 적용하는 금융소득은 포함하지 않는다.

※ 금융소득에 대한 소득세 과세 및 건강보험료와의 관계

| 금융소득<br>소득 구간 | 종합과세 여부 | 건강보험료<br>소득포함 여부 | 피부양자 자격 |
|---|---|---|---|
| 1,000만 원 이하 | 종합과세되지 않음<br>(분리과세). | 포함되지 않음. | 피부양자 자격<br>유지 |
| 1,000만 원 초과 ~<br>2,000만 원 이하 | 종합과세되지 않음<br>(분리과세). | 포함됨.* | 피부양자 자격<br>유지 |
| 2,000만 원 초과 | 금융소득<br>종합과세됨. | 포함됨. | 피부양자 자격<br>상실** |

\* 금융소득이 1,000만 원 초과~2,000만 원 이하라면 금융소득 종합과세는 적용되지 않고 분리과세되지만, 건강보험료 소득 산정 시에는 이에 포함된다. 세법상의 과세방식과 건강보험법상의 소득포함 여부를 혼동하지 않기를 바란다.

\*\* 금융소득이 2,000만 원 초과 시 금융소득 종합과세는 물론이고 피부양자 자격이 상실된다.

◆ 소득과 건강보험료의 관계에 대해서는 2장의 절세 탐구에서 다룬다.

현행 보험상품 대부분은 세금과 연동되어 있다. 이에 따라 보험회사 등은 세금 지식을 쌓기 위해 분주히 노력하고 있는 것이 현실이다. 그런데 앞으로는 어설픈 접근이 아닌 완벽한 내용으로 마케팅이 이뤄져야 할 것으로 보인다. 2021년부터 금융소비자보호법(금소법)이 시행되고 있기 때문이다. 다음에서는 세금을 마케팅에 활용하는 방법과 금소법에 관한 내용을 간략히 정리해보자.

## 1. 세금을 마케팅에 활용하는 방법

첫째, 세금에 민감한 잠재고객층을 발굴한다.

일반적으로 세금은 소득이 발생하거나 재산이 무상으로 이전되는 경우에 발생한다. 그렇다면 대한민국 땅에서 세금에 민감하게 반응하는 사람들은 누굴까? 당연히 소득이 높거나 재산이 많은 고소득자와 재산가일 것이다. 일단 소득이 높다면 소득의 6~45%를 소득세로 내야 한다. 그리고 무상으로 이전되는 재산의 규모가 커지면 최고 50%의 세율로 상속세나 증여세를 내야 한다. 특히 요즘과 같이 부자들을 겨냥한 여러 가지 제도가 우후죽순처럼 등장하는 때는 세금의 중요성이 더욱더 커진다.

둘째, 고객들의 세금에 대한 태도를 읽는다.

일반적으로 세금에 민감한 층은 이들 앞으로 소득이 발생하거나 이들이 재산을 이전할 때 세금 고민을 하는 경우가 많다. 따라서 이들은 소득이 발생하거나 재산을 이전할 때 가급적 저율로 과세받고자 노력하게 된다.

셋째, 고객의 요구에 맞는 절세전략을 펴야 한다. 이때 다음과 같은 것들이 핵심이 될 것이다.

---

① 소득세나 법인세, 상속세 또는 증여세 같은 세금 부담을 줄일 수 있어야 한다.
② 자녀 등에게 재산을 안전하게 이전시킬 수 있어야 한다.
③ 보험이나 기타자산 자체에서 수익이 크게 발생해야 한다.

---

## 2. 마케팅 시 주의해야 할 금소법

보험세금을 토대로 보험마케팅 시 이에 적용되는 금소법은 세금혜택의 정확성, 고객의 재정 상황에 맞는 적합성, 그리고 명확한 설명을 바탕으로 소비자를 보호하는 것이 핵심이다(챗GPT의 도움을 받음).

### • 세금 관련 정보의 정확성
세금혜택은 상품의 성격에 따라 달라질 수 있고, 법 개정 때문에 변경될 가능성도 있으므로, 잘못된 정보 제공으로 소비자가 손해를 보지 않도록 해야 한다.

### • 설명의무
세금혜택을 포함한 모든 금융상품의 특성을 명확하게 설명해야 한다. 특히, 세금 공제 한도, 해당 공제조건, 세금환급 가능성 등에 대해 충분히 설명하지 않으면, 금융소비자보호법을 위반할 수 있다. 소비자가 세금과 관련된 내용이나 리스크를 오해하지 않도록 주의해야 한다.

### • 불공정한 세금 관련 정보 제공 금지
세금혜택을 과장하거나, 세금 절세를 지나치게 강조해서 소비자가 상품을 잘못 이해하게 만드는 행위는 금지된다. 특히, 세금혜택이 모든 소비자에게 동일하게 적용되지 않는 경우가 많으므로, 고객의 상황에 맞는 세금정보만을 제공해야 한다. 세무적 이점만을 내세워 보험의 나른 중요한 요소를 간과해서는 안 된다.

### • 적합성 원칙 준수

세금혜택이 있는 보험상품이라 하더라도, 고객의 재정 상태와 세무 관련 상황에 맞는지 확인해야 한다. 예를 들어, 고소득자가 절세를 목적으로 특정 보험에 가입하려고 할 때, 해당 보험이 고객의 세금 절감효과를 실질적으로 제공할 수 있는지를 분석하고 권유해야 한다. 이와 관련된 적합성 원칙을 위반할 경우 법적 문제가 발생할 수 있다.

### • 세무 자문 제공의 한계

보험업계는 기본적인 세금정보를 제공할 수 있지만, 세무사의 역할을 대신할 수 없다는 점을 명확히 해야 한다. 고객에게 복잡한 세무문제나 절세전략을 안내할 때는 전문 세무사의 조언을 받도록 권유해야 한다. 세무적 이슈를 단순화시켜 설명하는 것은 위험할 수 있으므로, 소비자가 정확한 정보를 기반으로 의사결정을 내릴 수 있도록 안내하는 것이 필요하다.

### • 세금 관련 광고 규제

세금을 강조하는 광고나 마케팅 자료는 오해를 불러일으킬 수 있으므로, 관련 규제를 준수해야 한다. 금융소비자보호법에 따라 과도한 절세 혜택을 강조하는 광고는 금지되며, 실제 제공할 수 있는 혜택에 대한 명확한 설명이 포함되어야 한다.

제**2**장

# 보장성·저축성·연금저축보험 : 세금혜택과 소득세를 확인하라!

# 보험상품과
# 세금의 관계

보험세금에 대한 이해를 좀 더 깊게 하기 위해서는 무엇보다 현존하는 보험상품의 유형을 잘 정리하는 것이 필요하다. 보험상품의 유형에 따라 발생하는 소득의 내용이 달라지고, 그에 따라 세금의 내용도 달라지기 때문이다. 다음에서는 보험의 목적을 먼저 보고 보험상품의 유형과 세금의 관계를 알아보자.

## 1. 보험의 목적

현재 시중에서 팔리고 있는 보험상품의 유형은 셀 수 없이 많다. 이에 따라 세법도 다양하게 적용되는데 이에 대한 이해를 좀 더 쉽게 하기 위해서는 보험의 목적부터 정리할 필요가 있다.

• 재정 보호→사고나 질병, 사망 등 예기치 못한 상황에서 발생하는 경제적 부담을 줄이는 것이 목적이다.
• 위험 분산→다수의 보험 가입자들이 보험료를 모아 위험을 분산하고, 필요한 사람이 보험금을 받을 수 있게 한다.

- 미래 대비→노후대비나 자녀 교육, 상속 등 장기적인 재정 계획을 위한 수단에 해당한다.

## 2. 주요 보험상품과 세법의 관계

현행 보험상품은 이러한 기조하에 보장성보험, 저축성보험, 연금저축보험 등으로 분화됐고 이에 맞춰 세법도 정비됐다. 대략적인 내용을 정리하면 다음과 같다.

※ 개인과 법인의 보험과 세금체계

| 구분 | | 보험료 납입 시 | 보험금 수령 시 | |
|---|---|---|---|---|
| | | | 만기·해지 시 보험차익 | 사고보험금 |
| | | 세제 혜택 | 소득세 과세 | 상증세 과세 |
| 개인 | 보장성보험 | 세액공제 (100만 원+장애인 전용 보험 100만 원) | 해당 사항 없음. | 상속세 및 증여세 (소득세는 과세되지 않음) |
| | 저축성보험 | 없음. | 이자소득세 (단, 일부는 비과세) | |
| | 연금저축보험 | 세액공제(600만 원) | 연금소득세 | |
| 법인 | 모든 보험(연금저축 제외) | 없음 (소멸성 보험료에 대해 경비처리 가능). | 법인세 | 법인세 |

▶ 이 책은 이 3가지의 상품을 위주로 관련 세법을 다루고 있다.

## 3. 적용 사례

K 씨는 다음과 같은 보험에 가입 중이다.

| 구분 | 누적 납입금액 | 비고 |
|------|-------------|------|
| ① 보장성보험 | 2,000만 원 | 만기 시 원본 환급 |
| ② 저축성보험 | 5,000만 원 | 가입 시로부터 7년 후 원금 보장 |
| ③ 연금저축보험 | 3,000만 원 | 매월 30만 원 납입 |

**Q1.** 보장성보험 가입 중에 약관에서 정한 사유에 해당하면 보험금을 수령할 수 있다. 이 보험금은 어떤 소득*에 해당하는가?

  \* 소득이란 개인이나 법인이 일정 기간 벌어들인 금전적 이익을 의미한다. 주로 근로, 사업, 금융, 임대, 자산 처분 등 다양한 활동을 통해 발생하며, 개인소득세나 법인세의 과세대상이 된다.

이는 자금의 사용 대가인 이자소득은 아니며, 간접투자로 배당금을 받는 것도 아니다. 그렇다고 직접투자로 발생한 소득도 아니다. 이러한 이유에 의해 세법에서는 보장성보험에 가입한 후 사고가 발생해서 수령한 보험금은 소득법상의 과세소득에서 제외하고 있다.

---

### 📋 돌발 퀴즈

만일 보장성보험에 가입 후 사고가 발생해서 보험금을 1억 원 받았다고 하자. 이 수령액에 대해서는 무슨 세금이 나올 수 있을까?

• 소득세는 부과되지 않는다.

• 상속세와 증여세가 나올 수 있다.*

\* 이 부분이 보험 관련 상속세와 증여세를 이해하는 요점이 된다.

**Q2.** 저축성보험은 생명보험의 일종이나 저축성이 가미되어 있다. 만기 시에는 어떤 이익을 얻게 되는가?

만기에 원금을 초과한 돈은 현금의 사용 대가인 이자소득에 해당한다. 따라서 이자가 발생하면 이에 대해 과세하는 것이 원칙이다. 물론 10년 이상 장기보험저축을 한 경우에는 일정 한도* 내에서 비과세를 적용하고 있다.

 * 일시납 1억 원, 월적립식 150만 원, 종신형 연금(사망 시 소멸) 등이 있다.


**Q3.** 연금저축보험은 연금을 받기 전까지는 세금이 나오지 않는다. 만일 연금을 받게 되면 소득세는 어떤 식으로 과세될까?

 • 지급하는 회사→지급금액의 3~5%(3.3~5.5%) 상당액을 원천징수하고 과세관청에 신고 및 납부한다.
 • 지급받는 개인→연금수령액이 1,500만 원 이하이면 원천징수로 종결하고, 이를 초과하면 15%(16.5%)로 분리과세하거나 종합과세를 적용받을 수 있다.*

 * 연금수령액이 1,500만 원 이하이면 3~5%로 원천징수하므로 대부분 분리과세로 종결되나 이 경우에도 종합과세가 유리하면 종합과세를 선택할 수 있다. 종합소득공제액 등이 크면 원친징수된 세액을 돌려받을 수 있기 때문이다. 따라서 연금수령액에 따라 원천징수세율이 달라지므로 두 경우 모두 본인에게 유리한 방식을 선택하면 된다.

보험업계에서 말한 생명보험은 다음과 같이 구분된다. 생명보험은 피보험자의 생명에 대해 보험사와 계약을 맺고, 사망이나 특정 조건에 도달했을 때 보험금을 지급하는 상품이다.

| 대분류 | 중분류 | | | 분류기준 |
|---|---|---|---|---|
| 개인보험 | 저축성보험* | | 개인연금 | 조세특례제한법상 세제지원이 적용되는 연금저축보험(노후의 생활연금을 주된 보장으로 하는 보험) |
| | | | 일반연금 | 노후의 생활연금을 주된 보장으로 하는 보험으로 조세특례제한법상 세제지원이 적용되지 않는 보험 |
| | | | 교육보험 | 가입 자녀의 학자금을 주된 보장으로 하는 보험 |
| | | | 생사혼합 | 생존보험금과 사망보험금이 있는 보험으로 교육보험 및 연금저축보험을 제외한 저축성보험 |
| | 보장성보험 | 제3보험 | 상해보험 | 상해로 인한 치료비용 및 상해의 결과에 기인한 사망 등의 위험을 보장하는 보험 |
| | | | 질병보험 | 질병에 걸리거나 질병으로 인한 치료 등의 위험(질병으로 인한 사망은 제외)을 보장하는 보험 |
| | | | 간병보험 | 활동불능 또는 인식 불능 등 타인의 간병을 해야 하는 상태 및 이로 인한 치료 등의 위험을 보장하는 보험 |
| | | 기타보험 | | 제3 보험(상해보험, 질병보험, 간병보험)을 제외한 보장성보험 |
| 단체보험 | | | | 단체의 구성원을 피보험자로 하는 보험 |
| 퇴직보험 | | | | 근로기준법에 따라 사용자가 근로자를 피보험자로 해서 근로자가 퇴직하는 경우 연금 또는 일시금으로 퇴직금을 수령할 수 있도록 하는 보험 |

* 저축성보험은 생존 시 지급되는 보험금의 합계액이 이미 납입한 보험료의 합계액을 초과하는 보험을 말한다. 저축성보험은 계약자의 자산을 불리면서 동시에 사망 시 보험금을 지급하는 등 생명보험의 역할을 함께 수행하는 구조로 되어 있어, 생명보험의 한 종류로 분류된다. 참고로 세법상 이자소득으로 과세되는 보험차익은 보험 종류와 무관하나, 사망이나 질병, 상해 그리고 자산의 멸실이나 손괴로 지급받은 보험금은 제외한다(소득세 비과세).

# 보장성보험과
# 과세체계 요약

보험과 관련된 세금에는 크게 소득세, 상속·증여세, 법인세 등 3가지 유형이 있다. 그런데 보험상품의 유형과 가입 주체 등에 따라 이 세금이 복잡하게 얽힌다. 따라서 상품별로 이에 대한 과세체계를 정리할 필요가 있다. 먼저 보장성보험부터 살펴보자.

## 1. 보장성보험과 세무특징

보장성보험은 주로 사망, 질병, 상해 등의 위험에 대비하는 보험으로, 보험료의 상당 부분이 보장에 할당되기 때문에 저축성보험과는 다른 세무적 특징을 가진다.

- 보험료 세액공제 : 개인이 납입하는 보장성보험료는 연간 최대 100만 원까지 세액공제를 받을 수 있다. 이는 건강보험, 실손보험, 암보험 등 여러 보장성보험상품에 적용된다.
- 사망보험금 소득세 비과세 : 사망보험금 등은 소득법상 과세에서 제외된다. 다만, 수익자가 법인이면 법인세가 과세되는 것이 원칙

이다.*

• 사망보험금 상속세와 증여세 과세 : 계약자와 수익자가 다른 경우에는 상속세와 증여세 문제가 발생할 수 있다.

▶ 보장성보험은 개인은 상속세와 증여세, 법인은 법인세 과세문제가 있다.

## 2. 적용 사례

사례를 통해 앞의 내용을 확인해보자.

자료

| 구분 | 계약자 | 피보험자 | 수익자 |
|---|---|---|---|
| ① 보장성보험(정기보험) | P 씨의 부모 | P 씨의 부모 | P 씨 |
| ② 보장성보험(종신보험) | K 법인 | 대표이사 | K 법인 |

**Q1.** 표에서 정기보험과 종신보험은 무엇을 의미하는가?

정기보험은 보험기간에 보험사고(사망 등)가 발생하면 보험금을 지급하지만, 보험사고가 발생하지 않고 만기가 도래하면 원칙적으로 아무런 환급금도 돌려받지 못한다. 이 보험은 보험료가 저렴하다는 특징이 있다. 한편, 종신보험은 평생 사망 보장을 제공하며, 만기라는 개념이 없고 사망 시 보험금을 지급한다. 종신보험에는 만기환급금이 없지만, 일부 상품은 해지할 경우 해지 환급금이 있을 수 있다. 또한 보험료가 비싸다는 특징이 있다.

**Q2.** ① 정기보험에서 피보험자가 사망해 P 씨가 사망보험금을 받았다. 이때 어떤 세금문제가 발생하는가?

사망보험금이므로 소득세는 없다. 다만, P 씨의 부모가 낸 돈에 의해 P 씨가 보험금을 받았으므로, 해당 보험금은 P 씨 부모의 상속재산이 될 수 있다. 그 결과 부모의 상속재산에 포함되어 상속세가 과세될 수 있다.

▶ 보험금에 대한 상속세 과세대상은 계약자와 피보험자의 관계를 잘 보면 된다.

**Q3.** ② 종신보험에서 대표이사가 사망해 법인이 보험금 1억 원을 수령했다고 하자. 이 보험금은 대표이사의 유족에게 지급한다고 하자. 이때 법인세에 어떤 영향을 줄까? 세율은 19%를 적용한다.

- 법인세 과세 : 1억 원×19%=1,900만 원
- 법인세 감세 : 1억 원×19%=1,900만 원

▶ 이때 대표이사에 대한 유족보상금이 법인의 손비(손실과 비용)로 인정되는지, 대표이사의 근로소득에 해당하는지는 별도로 검토해야 한다. 이에 대해서는 8장과 [부록]을 참조하기 바란다.

**Tip** 개인과 법인의 보장성보험과 세금체계

개인과 법인 등이 보장성보험에 가입해서 보험금을 수령한 경우 다음과 같은 세금문제가 발생할 수 있다.

| 구분 | 납입 시 | 수령 시 |
|---|---|---|
| 개인 | 세액공제 혜택 | 소득세는 과세되지 않음. 단, 계약자와 수익자 관계에 따라서 상속세 또는 증여세가 과세될 수 있음. |
| 개인사업자 | 세액공제 없음. 단, 비용처리 가능(종업원단체 보장성보험에 한함) | · 보험금 수령 시 : 수입처리<br>· 종업원에 지급 시 : 비용처리 |
| 법인 | 세액공제 없음.<br>단, 비용처리 가능<br>(소멸성 보험료에 한함) | · 보험금 수령 시 : 수입처리<br>· 임직원에 지급 시 : 비용처리 |

# 저축성보험과
# 과세체계 요약

저축성보험은 보험료 납입액을 저축하거나 투자해서 수익을 내는 형태의 보험을 말한다. 따라서 세법에서 은행상품이나 증권상품 등 다른 금융상품과 차별을 둘 필요가 없다. 그 결과 이자소득이 발생하면 이에 대해서는 소득세를 과세하게 된다. 다만, 현행 소득법은 장기저축을 장려하는 관점에서 일정 부분 소득세 비과세를 적용하고 있다.

## 1. 저축성보험과 세무특징

저축성보험은 만기나 해지 시 원금을 초과해서 차익이 발생하는 보험을 말하며, 원금을 초과해서 받은 차익은 세법상 이자소득에 해당한다. 이러한 보험은 다음과 같은 세무적 특징을 가진다.

• 보험료 세액공제 : 없다.
• 보험차익 소득세 과세 : 이자소득이 발생하면 이에 대해서는 이자소득세가 과세된다. 다만, 3가지 유형만 비과세가 적용된다(다음 Tip 참조).

- 보험금 수령 시 상속세와 증여세 과세 : 계약 내용에 따라 상속세와 증여세 문제가 발생할 수 있다.

▶ 저축성보험은 개인은 소득세, 상속세와 증여세, 법인은 법인세 과세문제가 있다.

## ※ 개인과 법인의 저축성보험과 세금체계

개인과 법인이 저축성보험에 가입해서 보험금을 수령한 경우 다음과 같은 세금문제가 발생할 수 있다.

| 구분 | 납입 시 | 수령 시 |
|------|---------|---------|
| 개인<br>(사업자 포함) | 세액공제 혜택 없음. | · 만기환급금 본인 수령 시 :<br> − 소득세 비과세*<br> − 소득세 과세(분리과세/종합과세)<br>· 이 외 계약자와 수익자 관계에 따라서 상속세 또는 증여세가 과세될 수 있음. |
| 법인 | 세액공제 없음(단, 자산 중 소멸성 보험료는 비용처리 가능). | · 보험차익 : 법인세 과세<br>· 보험금을 임직원에 지급 시 : 비용처리 |

* 소득세 비과세 : 일시납 1억 원 이하, 월적립식 연 1,800만 원 이하, 종신형 연금보험(모두 기본적으로 10년 이상 보험기간 유지해야 함. 다음 Tip 참조)이 이에 해당한다.

## 2. 적용 사례

사례를 통해 앞의 내용을 확인해보자.

자료

| 구분 | 계약자 | 피보험자 | 수익자 |
|------|--------|----------|--------|
| ① 저축성보험(정기보험) | P 씨 | P 씨의 부모 | P 씨 |
| ② 저축성보험(정기보험) | K 법인 | 대표이사 | K 법인 |

**Q1.** ① 개인보험의 원금은 1억 원이고 이자가 2,000만 원이라고 하자. P 씨가 만기에 받은 보험금에 대해서는 상속세나 증여세가 나오는가?

아니다. P 씨가 납입한 돈으로 P 씨가 보험금을 받았기 때문에 상속세와 증여세 문제는 없다.

▶ 이때 P 씨가 받은 이자에 대해 비과세, 분리과세, 종합과세 중 어떤 것이 적용되는지를 검토해야 한다.

- 비과세→비과세되는 저축성보험에 해당하면 소득세가 비과세된다.
- 분리과세→이자소득과 배당소득을 합해서 연간 2,000만 원 이하 시에는 원천징수(15.4%)에 의한 세금만 납부하는 것으로 납세의무가 종결된다.
- 종합과세→이자소득과 배당소득을 합해서 연간 2,000만 원 초과 시에는 다른 소득과 합산해 종합과세를 적용한다. 이때 원천징수된 세액은 기납부세액으로 차감된다.

**Q2.** ② 법인보험의 원금은 2억 원이고 이자가 4,000만 원으로 총 2억 4,000만 원을 수령했다고 하자. 또한 이 보험금을 대표이사의 퇴직금으로 지급한다고 하자. 이때 법인세에 어떤 영향을 줄까? 세율은 19%를 적용한다.

- 법인세 과세 : 4,000만 원×19%=760만 원
- 법인세 감세 : 2억 원 4,000만 원×19%=4,560만 원

▶ 대표이사에게 지급한 퇴직금이 모두 법인의 손비(손실과 비용)로 인정되는 것인지, 근로소득에 해당하는지는 별도로 검토해야 한다. 이에 대해서는 8장을 참조하기 바란다.

저축성보험 차익에 대한 비과세 요건을 요약하면 다음과 같다(2017년 4월 1일 이후 기준). 자세한 내용은 이 장의 절세 탐구에서 살펴보자.

| 구분 | 보험 계약 유지 기간 | 보험료 납부방법 | 납입한도 | 보험료 납입 기간 | 보험금 수령 조건 |
|------|------|------|------|------|------|
| ① 일시납 보험 | 10년 이상 | 일시납(월 납도 가능) | 1억 원* | 없음. | 10년 이후 일시납/ 연금수령(10년 이내 이자 수령 가능) |
| ② 월적립식 보험 | | 월납(6개월 이내 선납 허용) | 월 150만 원 (단, 시행규칙 요건 충족 시 월 한도 없음)** | 5년 이상 | |
| ③ 종신형 연금보험 | 없음. | 월납, 일시 납 불문 | 없음. | 없음. | 보험료 납입 기간 만료 후 55세 이후부터 사망 시까지 연금수령 |

\* 2017. 3. 31 이전에 가입한 일시납 저축성보험의 한도는 1인당 2억 원이다.

\*\* 2017. 3. 31 이전에 가입한 월적립식 저축성보험은 한도가 없다.

▶ 저축성보험 차익에 대한 비과세는 다음 순서로 판단하는 것이 좋다.

1. 종신형 저축성보험에 해당하는지 살펴본다.→종신형이면 비과세가 적용된다.
2. 종신형이 아니면, 월적립식 저축성보험에 해당하는지 살펴본다.→이에 해당하면 비과세가 적용된다.
3. 월적립식도 아니면, 일시납 저축성보험인지 살펴본다.→이에 해당하면 비과세가 적용된다.

참고로 앞의 3가지 상품에 가입해서 비과세 요건을 각각 충족하면 모두 비과세가 가능하다.

# 연금저축보험과
# 과세체계 요약

    연금저축보험\*은 세법에 따라 세액공제 혜택을 받을 수 있는 보험을 말한다. 따라서 이 보험의 가입자는 소득세 절감효과를 얻을 수 있다. 다만, 나중에 연금을 수령할 때는 연금소득세가 부과된다. 다음에서 세제적격 연금보험과 관련된 과세체계를 알아보자.

> \* 실무에서는 이를 세제적격 연금보험이라고 한다. 한편, 세액공제가 적용되지 않는 상품을 세제비적격 연금보험이라고 한다(둘의 비교는 다음 Tip을 참조하기 바란다).

## 1. 연금저축보험과 세무특징

    연금저축보험은 세액공제가 적용되며, 향후 소득이 발생하면 연금소득세가 과세된다. 이 보험은 다음과 같은 세무적 특징을 가진다.

• 보험료 세액공제 : 개인이 납입하는 연금보험료는 세법상 연간 최대 600만 원\*까지 세액공제를 받을 수 있다.

> \* 이 외에 개인이 본인의 퇴직연금계좌(IRP)에 직접 보험료를 납입하면 연금계좌납입액과 합해서 최대 900만 원까지 세액공제를 적용한다.

- 연금소득세 과세 : 연금소득이 발생하면 이에 대해서는 연금소득세가 과세된다. 이때 과세방식은 분리과세, 선택적 분리과세 등으로 구분된다(다음 Tip 참조).
- 연금소득 수령 시 상속세와 증여세 과세 : 연금저축보험의 경우 계약자와 피보험자 그리고 수익자가 일치하므로 상속세와 증여세 문제가 발생하는 경우는 거의 없다.

▶ 연금저축보험은 개인에 한해 소득세 과세문제가 있다. 참고로 연금은 최소 10년(2013. 3. 31 이전 가입분은 5년) 이상 수령해야 한다.

## ※ 개인과 법인의 연금저축보험과 세금체계

개인과 법인이 연금저축보험에 가입해서 보험금을 수령한 경우 다음과 같은 세금문제가 발생할 수 있다.

| 구분 | 납입 시 | 수령 시 |
|---|---|---|
| 개인<br>(사업자 포함) | 세액공제 혜택 있음. | · 연금수령 시 :<br>– 소득세 과세(분리과세*/선택적 분리과세**)<br>· 이 외 계약자가 사망 시 상속세가 과세될 수 있음. |
| 법인 | 해당 사항 없음. | – |

* 분리과세연금소득은 퇴직연금(원본)을 연금으로 수령하거나, 사망 등에 의해 연금저축을 해지해 일시금을 받은 경우가 해당한다. 전자의 원천징수세율은 퇴직소득세의 60~70%이며, 후자는 3~5%가 된다. 이러한 소득은 무조건 분리과세되므로 종합과세를 선택할 수 없다. 참고로 임의로 연금저축을 해지해 받은 일시금은 기타소득으로 보아 15% 원천징수로 분리과세한다.

** 앞의 분리과세연금소득 외 사적연금소득(민간회사를 통해 받은 연금소득)의 연간 수령액이 1,500만 원 이하면 3~5%의 원천징수로 분리과세하고, 이를 초과한 경우에는 15%로 원천징수를 하거나 아니면 다른 소득과 합산해서 종합과세된다(선택적 분리과세). 참고로 공적연금소득은 무조건 종합과세한다.

## 2. 적용 사례

사례를 통해 앞의 내용을 확인해보자.

자료

| 구분 | 계약자 | 피보험자 | 수익자 |
|------|--------|----------|--------|
| 연금저축보험 | P 씨 | P 씨 | P 씨 |

**Q1.** 사례에서 P 씨의 부모가 보험료를 대신 내준 상태에서 P 씨가 연금을 받으면 증여세가 나오는가? 단, 매월 연금지급액은 100만 원이고, 지급 기간은 20년이다.

이 보험은 P 씨의 부모가 낸 보험료에 따라 P 씨가 받은 것에 해당하기 때문에 당연히 증여세 과세문제가 발생한다(단, 실제 과세할지는 별개이다). 그렇다면 이때 증여가액은 어떻게 평가할까?

P 씨가 매월 100만 원, 연간 1,200만 원, 20년간 2억 4,000만 원을 받게 된다고 가정하자. 그렇다면 이때 증여가액은 얼마인가? 그리고 신고는 어떻게 해야 할까? 이에 대한 자세한 내용은 뒤의 해당 부분에서 살펴보겠지만 우선 요점만 정리하면 다음과 같다.

- 원금 수령액 : 2억 4,000만 원
- 증여재산가액 평가 : 유기정기금으로 평가*

\* 정확한 평가액을 알고 싶다면 앞의 내용을 챗GPT에게 물어보면 된다(결과 값은 1억 7,853만 원이다).

- 증여세 신고 : 증여일이 속한 달의 말일로부터 3개월 이내

**Q2.** 보험회사에서 연금을 지급할 때 원천징수는 몇 %로 하는가?

연금을 수령하는 나이에 따라 원칙적으로 3~5%의 세율로 원천징수한다(이 외 지방소득세가 10% 추가된다).

- 55세~70세 : 5%(5.5%)
- 70세~80세 : 4%(4.4%)
- 80세 이상 : 3%(3.3%)

**Q3.** P 씨의 소득세는 어떤 식으로 정산해야 할까?

사적연금소득(분리과세소득 제외)이 연간 1,500만 원(2025년 기준) 이하면 원칙적으로 3~5% 원천징수로 납세의무가 종결되며, 이를 초과한 경우에는 다음 중 하나의 방법을 선택할 수 있다.

① 종합과세(6~45%)
② 분리과세(15%)

**Q4.** 만일 앞의 연금 외에 국민연금소득이 별도로 있다고 하자. 이때 소득세 정산방법은?

사적연금소득(분리과세소득 제외)은 연간 수령액 1,500만 원 초과 여부에 따라 과세방식이 달라진다. 하지만 정부 등이 운용하는 공적연금소득은 무조건 종합과세가 된다.*

\* 공적연금을 지급하는 공단 등에서 먼저 이에 대해 연말정산을 하므로 이에 대한 자료를 가지고 다른 종합소득과 합산해서 다음 해 5월 중에 종합과세를 적용한다(이 장의 절세 탐구 참조).

**Q5.** 만일 중도에 연금저축을 해지해 일시금을 받았다고 하자. 해지 사유가 사망 등 부득이한 경우와 그 외 사유인 경우 소득세 과세방법은?

해지 사유가 부득이한 경우에는 불이익을 주지 않아야 한다. 따라서 이 경우에는 일시수령액의 3~5%로 무조건 분리과세를 한다. 하지만 해지 사유가 부득이한 사유에 해당하지 않으면 15%로 무조건 분리과세를 한다.

- 매년 연금수령 시→3~5% 원천징수(선택적 분리과세)
- 사망 등에 따른 일시금 수령→3~5% 원천징수(무조건 분리과세)
- 임의로 일시금 수령→15% 원천징수(무조건 분리과세)

**Tip** | **세제적격 연금보험의 요건**

세액공제를 적용받을 수 있는 연금저축보험은 다음의 요건을 충족한 것에 한한다.

| 구분 | 내용 | 비고 |
|------|------|------|
| 가입자격 | 나이 제한 없음.* | |
| 적립한도액 | 연 1,800만 원(분기별 한도는 폐지) | 연금수령개시 후 해당 연금계좌에 대한 추가 납입 불가 |
| 납입 기간 | 5년 이상 | |
| 연금수령요건 | 최소 납입 기간 5년 경과 후 연금개시신청 후 10년 이상 연간 연금수령 한도(소득령 제40조의2 제3~5항) 내에서 인출할 것** | 55세 이후에 연금을 받아야 함. |
| 세액공제 한도 | 600만 원 | IRP 계좌에 추가 입금 시 900만 원 한도 |
| 과세방법 | · 3~5% 원천징수<br>· 사적연금소득이 연 1,500만 원 이하면 원칙적 분리과세, 초과 시에는 선택적 분리과세(15%) | 중도해지 시는 무조건 분리과세(3~5%, 15%) |

\* 연금저축의 나이 기준이 삭제되어 미성년인 자녀도 이에 대해 가입할 수 있게 되면서 일찍 노후를 대비할 수 있게 되었다.

\*\* 연금수령은 55세 이후부터 이뤄져야 하며, 한꺼번에 많은 돈을 인출할 수 없도록 연간 연금수령 한도가 정해졌다(소득령 제40조의2 제3항 제3호).

▶ 앞의 연금수령 한도는 다음과 같이 계산한다.

$$\frac{연금계좌의\ 평가액}{(11^* - 연금수령연차)} \times \frac{120}{100}$$

\* 최소한 10년 이상 연금으로 인출해야 함을 의미한다.

| Tip | 세제적격 연금보험과 세제비적격 연금보험의 비교 |

실무에서 보면 이 둘의 연금보험에서 발생한 소득의 과세방식에 대해 혼란을 느끼는 경우가 많다. 둘 다 연금형태로 소득을 받게 되는데 보험의 성격에 따라 연금소득 또는 이자소득으로 구분되기 때문이다. 다음의 표에서 이에 관해 확인해보자.

| 구분 | 보험료 납입 시 | 연금수령 시 | 중도해지 시 |
|---|---|---|---|
| ① 세제적격 연금보험 | 세액공제 적용 | 연금소득세로 분리과세함 (1,500만 원 이하는 3~5%, 초과는 15% 분리과세와 종합과세 중 선택). | 기타소득으로 분리과세함(단, 부득이한 사유로 해지 시에는 연금소득으로 보아 3~5%로 무조건 분리과세함). |
| ② 세제비적격 연금보험 | 세액공제 미적용 | · 원칙 : 이자소득 과세 · 예외 : 요건 충족한 보험에 한해 비과세(일시납/월적립식/종신형 연금).* | 해지한 경우 이자소득으로 보아 과세함. |

* 세제비적격 연금보험은 납입 시 세액공제가 적용되지 않는 한편, 이를 연금으로 수령한 때에는 이자소득으로 과세하는 것이 원칙이다(일부는 비과세).

**절세 탐구1** | **저축성보험 차익 비과세 변천사**

저축성보험 차익에 대한 비과세방식이 어떤 식으로 변천되었는지를 살펴보자.

## 1. 저축성보험 차익에 대한 비과세 요건 요약

저축성보험 차익에 대한 비과세는 소득령 제25조에서 정하고 있다. 참고로 이에 대한 비과세 판단은 보험 가입 당시의 해당 계약자를 기준으로 한다.*

* 전 금융기관을 합산해서 한도 등을 판단한다.

### 1) 일시납 저축성보험(한도 1억 원)

이 보험은 납입한 보험료 합계액이 1억 원 이하이고 보험 계약유지 기간이 10년 이상이면 비과세를 적용한다. 다만, 최초납입일부터 10년이 경과하기 전에 납입한 보험료를 확정된 기간* 동안 연금형태(연금은 원금과 이자를 정기적으로 받는 것을 말한다**)로 분할해서 받으면 과세가 된다. 이를 표로 정리하면 다음과 같다.

* 종신형은 확정된 기간이 아니다.
** 10년이 되기 전에 이자만 받으면 비과세 요건이 유지된다(상속형 즉시연금 등이 해당함).

| 보험 계약유지 기간 | 10년 내 | 10년 이후 |
|---|---|---|
| 〈기본조건〉<br>납입보험료가 1억 원* 이하일 것 | 이자 수령 | 일시금 수령 또는 연금수령 |
| | 비과세(단, 연금형태는 과세**) | 비과세 |

* 2017년 3월 31일 이전에 가입하는 분은 한도가 2억 원이다.
** 즉시연금보험에 가입한 후 이자를 수령하면 비과세가 적용되나 원금을 연금식으로 받으면 과세가 된다.

▶ 일시납 보험의 경우, 보험료 납입은 자유롭게 해도 된다.

## 2) 월적립식 저축성보험(한도 150만 원)

원칙적으로 매월 150만 원 한도 내에서 균등한 보험료를 최소한 5년
이상 납입하고 10년 이상 계약을 유지하면 비과세를 적용하는 것을 말
한다. 최초 납입일부터 매월 납입하는 기본보험료\*가 균등(최초 계약한 기
본보험료의 1배 이내로 기본보험료를 증액\*\*하는 경우를 포함)하고, 기본보험료의 선
납 기간이 6개월\*\*\* 이내일 것 등의 조건을 충족해야 한다. 주요 내용을
표로 정리하면 다음과 같다.

\* 기본보험료에 보장성 특약 보험료 및 부활 보험료는 제외된다.

\*\* 추가납부제도를 말한다. 참고로 기본보험료를 감액해도 비과세에 영향을 주지 않아 보인다(유권해
석을 통해 확인하기 바란다).

\*\*\* 6개월 이내 선납 기간이 경과한 후에 6개월 재선납을 할 수 있다.

| 보험 계약유지 기간 | 10년 내 | 10년 이후 |
|---|---|---|
| 〈기본조건〉<br>납입 기간 5년 이상+월 150만 원\* 이내<br>+균등\*\*하게 보험료를 납입할 것 등 | 이자 수령 | 일시금 수령 또는<br>연금수령 |
| | 비과세 | 비과세 |

\* 2017년 4월 1일 이후의 가입분부터 월 150만 원의 한도가 적용되고 있다. 다만, 기재부령으로 정
하는 월적립식 저축성보험은 다음과 같은 두 요건을 모두 충족하면 납입 한도가 없다(소득칙 제12조의
2 제1항). 실무상 대부분의 종신보험 등 보장성보험이 이에 해당한다.

1. 저축을 목적으로 하지 아니하고 피보험자의 사망·질병·부상, 그 밖의 신체상 상해나 자산의 멸실
또는 손괴만을 보장하는 계약일 것

2. 만기 또는 보험 계약 기간에 특정 시점에서의 생존을 사유로 지급하는 보험금·공제금이 없을 것

\*\* 1배 이내 증액은 가능하다. 이때 증액이 아닌 추가납부를 하는 경우의 기본보험료 계산은 소득칙
제12조의2에서 정하고 있다(기본보험료+추가납부보험료/계약 기간에 해당연도 경과 월수≦150만 원). 참고
로 증액보험료는 기본보험료 자체를 높이는 것을, 추가납부보험료는 기본보험료는 두고 보험료를 추
가하는 것을 말한다.

▶ 월납식 저축성보험 중 사망 등을 대비한 보험은 적립 한도가 없다. 따라서
이 보험에 가입한 후 10년 이상을 유지한 상태에서 사망보험금을 수령하면 이자
소득세 비과세를 받을 수 있다. 이 보험의 형식은 저축성보험이나 실질은 보장성

보험이므로 이 같은 규정을 두고 있는 것으로 해석할 수 있다.

참고로 다음은 요즘 많이 팔리고 있는 단기납 종신보험의 보험료가 소득령 제 25조 제3항 제2호의 월적립식 저축성보험의 비과세 요건 중 '월 150만 원 한도'에 포함하는지에 대한 기재부의 유권해석에 해당한다. 이의 주요 골자는 '저축을 목적으로 하지 아니하는 순수보장성보험'이면 한도에 포함하지 않는다는 것으로, 법조문상의 내용을 원론적인 수준에서 표현한 것으로 보인다.

---

**※ 서면법규소득 2024-475(2024. 07. 09)**

**[제목]**
단기납 저해지 종신보험의 보험료를 보험료 합계액 한도 계산 시 포함하는지 여부

**[질의]**
(사실관계)
○ 생명보험회사들은 저해지 환급형 단기납 종신보험(단기납저해지종신보험)을 판매함.
• 단기납저해지종신보험은 피보험자의 사망 시 보험금을 지급하되(생존 시 지급하는 보험금 없음) 납입 기간이 상대적으로 단기(5년 이상 10년 미만, 단기납)이며, 납입 기간에 해지 시 일반 종신보험 대비 낮은 해약금을 지급(저해지)하는 보험으로서
• 납입 완료 시점에 보험 계약의 저해지 위험 부담에 대한 보상으로 계약자적립금을 가산하게 됨으로써 납입 완료 이후부터 해약환급률이 일반 종신보험보다 높아지는 종신보험상품임.
• 이와 같은 단기납저해지종신보험의 특성상 납입 기간 후 중도해지 시 해약 환급금이 납입보험료를 초과하는 경우가 발생할 수 있음.

(질의내용)
○ 단기납저해지종신보험의 보험료가 소득령 제25조 제3항 제2호의 보험료 합계액 한도 계산 시 제외되는 것인지 아닌지

**[회신]**
1. 단기납 저해지 환급형 종신보험이 사망·사고만을 보장하며 저축을 목적으로 하지 아

### 3) 종신형 연금보험(한도 없음)

비과세 종신형 연금보험은 보험 계약 기간 만료 후 55세 이후부터 사망 시까지 연금으로 지급받는 보험을 말한다. 최초 연금지급개시 후 사망일 이전에 중도해지 불가 및 사망 시 계약 및 연금 재원이 소멸할 것 등의 요건이 추가된다. 참고로 종신형 연금보험의 보험 계약유지 기간은 평생이 된다. 이를 표로 표현하면 다음과 같다.

| 보험 계약유지 기간 | 10년 내 | 10년 이후 |
|---|---|---|
| 〈기본조건〉<br>사망 시 연금 재원 소멸*+중도해지 불가+55세 이후 지급 등 | 55세 이전 연금수령 | 55세 이후 연금수령 |
| | 과세 | 비과세 |

* 연금 재원이 소멸하므로 연금을 상속할 수 없다.

## 2. 저축성보험 차익의 주요 비과세 요건 변천내용

저축성보험 차익(월적립식과 일시납)에 대한 비과세 요건에는 10년 유지와 한도가 있다. 이를 중심으로 주요 변천내용을 정리해보자.

첫째, 보험 계약유지 기간은 다음과 같이 변천됐다.
표를 보면 3년, 5년, 7년, 10년 등으로 점차 기간이 연장되었다. 이렇게 기간을 늘리게 된 이유는 장기저축성보험에 대해서만 비과세를 적용하겠다는 취지가 있다.

### ※ 보험차익 비과세를 위한 계약유지 기간의 변천내용

| 구분 | 가입유지 기간 내용 |
|---|---|
| 1991. 1. 1 ~ 1994. 9. 30 | 3년 이상 |
| 1994.10. 1 ~ 1996. 5. 12 | 5년 이상 |
| 1996. 5.13 ~ 1998. 3. 31 | 7년 이상 |
| 1998. 4. 1 ~ 2000.12. 31 | 5년 이상 |
| 2001. 1. 1 ~ 2003.12. 31 | 7년 이상 |
| 2004. 1. 1 ~ | 10년 이상 |

둘째, 10년 이상 계약을 유지하더라도 과세를 원칙으로 하되, 예외적으로 비과세를 적용하는 것으로 바뀌었다. 종전(2013년 2월 15일 이전)에는 계약 기간만 맞추면 대부분 비과세를 적용했으나, 2013년 2월 15일 이후에 가입하는 보험은 다음과 같이 예외적인 경우만 비과세를 적용한다.

| 원칙 | 예외 | |
|---|---|---|
| 과세 | 비과세* | 일시납 보험(한도 2억 원→1억 원) |
| | | 월적립식 보험(한도 없음→월 150만 원) |
| | | 종신형 연금보험(한도 없음) |

* 2017. 4. 1 이후에 가입하는 일시납 보험과 월적립식 보험의 납부한도가 1억 원, 월 150만 원으로 각각 변경되었다.

▶ 이 규정을 보면 3가지 유형에 대해서만 제한적으로 비과세를 적용한다. 물론 과도한 비과세 혜택을 주지 않기 위해 납입한도 등을 도입하기에 이르렀다.

셋째, 계약자 명의변경 등에 따른 비과세 요건을 강화했다.

일시납 보험과 월적립식 보험의 비과세의 유지 기간과 관련해서 중도에 명의 등을 변경하면 당초 가입일부터 10년을 따졌으나, 2013년 2월 15일 이후에 가입한 보험은 계약을 변경한 날로부터 이 기간을 따진다(소득령 제25조). 참고로 종신형 연금보험은 이와 무관하다.

| 구분 | 일시납 보험 | | 월적립식 보험 | |
|---|---|---|---|---|
| | 2013. 2. 15 전 가입 | 이후 가입 | 2013. 2. 15 전 가입 | 이후 가입 |
| 계약자 명의변경 | 최초납입일 | 변경일* | 최초납입일 | 변경일 |
| 보장성보험을 저축성보험으로 변경 | 최초납입일 | 변경일 | 최초납입일 | 변경일 |
| 기본보험료를 1배 초과 증액 | 해당 사항 없음. | 좌동 | 변경일** | |

\* 사망한 경우에는 제외한다.

\** 월적립식 보험의 경우 기본보험료를 1배 초과한 증액은 가입 시기와 관계없이 변경일을 기준으로 비과세 기간을 다시 산정한다.

## 3. 적용 사례

**Q1.** K 씨는 2012년 말에 저축성보험에 가입했다. 이때 일시납으로 10억 원을 납입했다. 이러한 상황에서 10년이 지난 상태에서 연금을 받으면 이에 대해 소득세가 나올까?

아니다. 비과세를 받을 수 있다. 2013년 2월 15일 전에 가입한 보험의 경우에는 보험 계약유지 기간이 10년 이상이면 월납이든 일시납이든 모두 비과세를 적용하기 때문이다. 기존 가입자에 대한 일종의 세법상 배려에 해당한다.

**Q2.** 앞의 K 씨는 10년이 지난 시점에 계약자와 수익자를 자녀명으로 변경했다. 자녀가 연금을 받으면 바로 비과세가 가능한가?

그렇다. 2013년 2월 15일 전에 가입한 저축성보험 차익에 대한 비과세는 최초 가입일부터 10년이 지나면 이를 적용하기 때문이다.

**Q3.** O 씨는 저축성보험을 보장성보험으로 변경하려고 한다. 이 경우 비과세 요건은 의미가 있는가?

없다. 보장성보험은 소득세 과세와 무관하기 때문이다. 만약 그 반대의 상황이면 의미가 있다. 참고로 최근의 종신보험은 사망보험금의 일부를 미리 받을 수 있는데, 이 경우에는 소득세가 과세될 이유가 없다. 하지만 이를 연금보험으로 전환하면 저축성보험에 해당하나, 월 보장성보험료가 150만 원 이내이면 비과세가 적용된다(초과 시는 과세가 적용).

**Q4.** M 씨는 보장성보험을 저축성보험으로 변경하려고 한다. 이 경우 비과세 기간은 어떻게 적용하는가?

2013년 2월 15일 이후 가입한 경우 변경일로부터 10년 유지 시 비과세를 적용한다.*

* 이때 보장성보험 때 가입한 금액은 저축성보험으로 가입한 금액으로 본다. 따라서 이미 5년 이상 기본보험료를 균등 납입하고 변경일로부터 10년 이상 유지 시 비과세가 가능할 것으로 보인다. 이때 월적립식 보험이 아니면 일시납 보험에 해당하는지를 점검하면 된다.

**Q5.** S 씨는 2025년에 월 50만 원짜리 월납식 저축성보험에 가입 중이다. 이 기본보험료를 1배 이내에서 증액해도 비과세 요건이 유지되는가?

그렇다. 1배 이내는 문제가 없다.

**🎲 돌발 퀴즈**

만일 기본보험료를 1배 초과해서 증액한 경우에는 월납식 저축성보험으로는 비과세가 적용되지 않는다. 그렇다면 일시납 저축성보험으로 보아 비과세를 받을 수 있는가?

그렇다. 각 보험 계약이 비과세 요건을 충족하지 못하더라도, 다른 비과세 요건을 만족하는 경우에는 여전히 비과세 혜택을 유지할 수 있다(소득령 제25조 제5항 참조).

※ 계약자 명의변경 등과 10년 비과세 기간 재산정일
• 계약자 명의변경 : 2013년 2월 15일 이후 계약분에 적용
• 보장성보험을 저축성보험으로 변경 : 2013년 2월 15일 이후 계약분에 적용
• 기본보험료의 1배를 초과해 증액 : 2013년 2월 15일 이전 계약에도 적용

보험업계가 고객을 만날 때는 세법에 맞춘 내용을 정확하게 전달해야 한다. 그리고 이를 바탕으로 절세전략을 수립할 수 있어야 한다. 그렇다면 구체적으로 저축성보험에 대한 비과세 전략은 어떻게 마련해야 할까? 다음에서 살펴보자.

## 1. 저축성보험과 비과세

마케팅을 잘 수행하기 위해서는 최근에 개정된 세법을 정확히 이해할 필요가 있다. 세법이 점점 강화되는 쪽으로 움직이고 있기 때문이다. 참고로 저축성보험 차익 비과세의 경우 그 범위가 종전보다 확실히 줄어들었다. 일단 앞에서 본 비과세보험을 요약해서 정리해보자(2017년 4월 1일 이후 기준).

| 구분 | 이자소득세 비과세 | | 상속 또는 증여 가능 여부 |
|---|---|---|---|
| | 납입한도 | 보험 계약유지 기간 | |
| 일시납 보험 | 1억 원 | 10년 | 가능 |
| 월적립식 보험 | 월 150만 원 | 10년 | 가능 |
| 종신형 연금보험 | 없음. | 평생 | 불가(연금) |

앞의 3가지 상품은 독립적으로 운용된다. 따라서 각각의 조건을 충족하면 비과세 저축금액을 늘릴 수 있다.

## 2. 적용 사례

**1** 어떤 보험회사에서 다음과 같은 콘셉트로 상품을 만들어 2017년 3월 31일 이전에 팔았다고 하자. 이 상품에 대한 과세 여부를 판단하면?

<table>
<tr><th>보험료 납입 기간</th><th>월 납입보험료</th><th>거치 기간</th><th>계약 기간</th></tr>
<tr><td>5년</td><td>1,000만 원(총 6억 원)</td><td>5년</td><td>10년</td></tr>
<tr><td>특약</td><td colspan="3">① 원금 중도인출 가능<br>② 기본보험료는 1,000만 원 내에서 증액 가능</td></tr>
</table>

### STEP 1. 쟁점은?

이 보험은 2017년 3월 31일 이전에 가입한 월적립식 보험에 해당한다. 따라서 이 보험의 경우 납입한도가 없으므로 납입한 보험료를 중도에 인출하거나 기본보험료를 증액하는 경우 여전히 비과세가 적용되는지가 쟁점이 된다.

### STEP 2. 세법규정은?

소득령 제25조 제1항 제2호에서는 다음의 요건을 모두 갖춘 월적립식 저축성보험에 대해서는 비과세를 적용한다.

- 최초납입일부터 만기일 또는 중도해지일까지의 기간이 10년 이상일 것
- 최초납입일로부터 납입 기간이 5년 이상인 월적립식 계약일 것
- 최초납입일부터 매월 납입하는 기본보험료가 균등(최초 계약한 기본보험료의 1배 이내로 기본보험료를 증액하는 경우를 포함한다)하고, 기본보험료의 선납 기간이 6개월 이내일 것

## STEP 3. 결론은?

이 보험은 앞에서 본 월적립식 보험의 비과세 조건을 충족한다. 5년 이상 납입, 10년 이상 보험 계약유지, 기본보험료 1배 이내의 증액조건 등을 충족하기 때문이다. 참고로 중도에 원금을 인출한 경우는 비과세에 영향을 주지 않는다.

**❷ 한 보험회사에서 다음과 같은 상품을 고객에게 제안하려고 한다.**

> **자료**
> • 상품명 : 무배당 명품 ○○저축보험 이자 지급
> • 내용 : 3년간 납입 후 바로 7년간 생활연금(이자)을 받을 수 있음(3년 납 10년 만기 경우).

**Q1.** 이 상품은 비과세를 받을 수 있는가?

이 상품은 가입 기간이 5년 미만이므로 월적립식 보험이 아니다. 따라서 이는 일시납 보험에 해당한다. 일시납 보험은 누적 납입금액이 1억 원 이하가 되면 이에 대해서는 비과세를 받을 수 있다.

**Q2.** 10년 전부터 받은 생활연금, 즉 이자에 대해서는 과세가 되지 않는가?

일시납 보험의 경우 납부 한도가 1억 원 내이면 매월 이자를 받아도 비과세가 성립된다. 다음의 관련 규정을 참조하기 바란다.

**※ 관련 규정 : 소득령 제25조 제1항 제1호**

계약자 1명당 납입할 보험료 합계액[보험 계약자가 가입한 모든 저축성보험(제2호 및 제3호에 따른 저축성보험은 제외한다)의 보험료 합계액을 말한다]이 1억 원 이하인 저축성 계약으로서 최초로 보험료를 납입한 날부터 만기일 또는 중도해지일까지의 기간이 10년 이상인 것(최초납입일부터 만기일 또는 중도해지일까지의 기간은 10년 이상이지만 최초납입일부터 10년이 경과하기 전에 납입한 보험료를 확정된 기간 연금형태*로 분할하여 지급받는 경우를 제외한다)

  * 즉, 연금형태가 아닌 이자 형태로 받는 것은 문제가 없는 것으로 해석한다.


**Q3.** 서울 압구정에서 사는 60세인 K 씨는 보험에 가입하려고 한다. 보험 가입 목적은 세금 없이 당장 생활비도 마련하고 종신까지 연금을 받아 생활하려는 취지가 있다. 그가 보유한 현금은 5억 원가량이 된다. 이 경우 어떻게 해야 전액 비과세를 받을 수 있는가?

이러한 상황이라면 다음과 같이 계약을 체결하면 된다.

① 1억 원 : 일시납 즉시연금보험 계약
② 4억 원 : 종신형 연금보험 계약

① 일시납 즉시연금보험 계약의 경우, 납입보험료가 1억 원 이하까지는 비과세가 적용된다. 그리고 나머지 4억 원에 대해서는 ② 종신형 연금보험 계약을 체결하면 이에 대해서도 비과세가 적용된다.

**❸** 서울 강동구 암사동에서 거주하고 있는 P 씨는 다음과 같은 관점에서 상품설계를 원하고 있다. 어떻게 하면 될까?

> **자료**
> • 죽을 때까지 연금을 받고 싶다.
> • 잔여 연금은 상속하고 싶다.
> • 보험료는 5억 원 미만을 생각하고 있으며, 일시납도 가능하고, 3개월납 등도 가능하다.
> • 세금은 비과세를 받고 싶다.

일단 앞의 조건에 맞는 상품을 찾아보자.

먼저 비과세되는 보험을 보면, 종신형 연금보험은 해당 사항이 없다. 이 보험은 연금을 상속하는 것은 불가능하기 때문이다. 그리고 월적립식은 납입 기간을 맞추지 못하면 비과세를 적용받기가 힘들다(물론 납입 기간을 5년 이상으로 설정하면 비과세가 가능하다). 그런데 일시납 보험은 앞의 조건에 부합할 수 있는데, 이때 한도가 1억 원 이하에 해당해야 한다.

따라서 사례의 경우 먼저 비과세보험을 선택한 다음 일반 저축성보험 등에 가입해서 연금을 수령하는 식으로 포트폴리오를 짜면 될 것으로 보인다. 이를 정리하면 다음과 같다.

| 구분 | | 포트폴리오 |
|------|------|----------|
| 1차 | 비과세 보험 | · 월적립식 보험 : 9,000만 원(5년 납, 월 150만 원) <br> · 일시납 보험 : 1억 원 <br> · 종신보험 : ×(∵ 연금 상속이 불가능함) |
| 2차 | 과세 보험 | 잔액에 대해 세제비적격 연금보험에 가입 후 연금수령(→이자소득세 부담) |

**절세탐구3** | **공적연금소득과 사적연금소득의 과세체계**

앞에서 살펴본 연금저축보험은 주로 민간보험회사 등에 가입한 보험을 말한다. 이러한 민간회사로부터 받은 연금소득을 사적연금소득이라고 하며, 정부가 운영하는 국민연금이나 공무원연금, 사립학교교직원연금을 공적연금소득이라고 한다. 현행 세법은 이 둘의 소득을 구분해서 과세체계를 달리하고 있는데 다음에서 이에 대해 간략하게 정리해보고자 한다.

## 1. 연금소득에 대한 과세체계

### 1) 공적연금소득

국민연금 등 공적연금에 가입한 때부터 연금을 수령할 때까지의 세무처리법을 정리하면 다음과 같다.

첫째, 납입 시에는 소득공제가 적용된다(2002년 이후부터 공제). 소득공제는 근로소득금액에서 차감되는 것으로 소득공제금액에 대해 6~45% 상당액의 세금이 줄어들게 된다. 따라서 소득이 높은 사람들에게 큰 절세효과를 가져다준다.*

* 이에 반해 세액공제는 공제금액에 12% 등을 획일적으로 적용하므로 소득과 무관하게 절세효과가 발생한다.

둘째, 공적연금을 지급할 때마다 지급자는 연금소득 간이세액표*에 따라 일정액을 원천징수한다.

* 공적연금수령액에 맞춰 원천징수세액을 미리 정해놓은 표를 말한다.

참고로 유족연금·퇴직 유족연금·퇴역 유족연금·장해 유족연금·상이 유족연금·순직 유족연금·직무상 유족연금·위험직무순직 유족연금, 장애연금, 장해연금·비공무상 장해연금·비직무상 장해연금, 상이연금(傷痍年金), 연계 노령유족연금 또는 연계 퇴직 유족연금 등은 소득세가 비과세된다.*

\* 상속세가 부과되지 않는 보험금은 상증법 제10조를 참고하면 된다.

셋째, 소득법이 개정되어 2013. 1. 1 이후 발생하는(받기로 한) 공적연금소득은 분리과세 대상에서 제외됨에 따라 금액과 관계없이 연말정산*해야 한다(종합합산 과세대상).

\* 공적연금 연말정산은 다음 해 1월 중에 실시하며, 본인과 배우자 그리고 자녀에 대한 소득공제 등에 대한 서류는 12월 31일까지 공단에 제출되어야 한다. 만일 이 소득자가 다른 종합소득이 없다면 해당 연말정산으로 납세의무가 종결되며, 다른 종합소득이 있다면 5월 중에 종합소득세 신고를 해야 한다.

### ※ 공적연금소득 연말정산구조

| 구분 | 금액 | 비고 |
|---|---|---|
| 공적연금수령액 | | 비과세 연금소득 제외 |
| −연금소득공제 | 최소 350만 원~최고 900만 원 | 다음 표 참조 |
| =연금소득 금액 | | |
| −소득공제 | 본인 및 배우자공제 | 기타 소득공제는 적용되지 않음. |
| =과세표준 | | |
| ×세율 | 6~45% | |
| =산출세액 | | |
| −세액공제 | 원천징수세액, 자녀 세액공제 | 연말정산 시에는 기타 세액공제는 불가* |
| =결정세액 | | |

\* 종합소득세 신고를 별도로 할 때는 보험료 세액공제 등이 가능하다.

## ※ 연금소득공제

연금소득에 대해서는 해당 과세기간에 받은 총연금액(사적연금소득을 포함하되, 분리과세연금소득은 제외)에 대해 다음 표에 규정된 금액을 공제한다. 다만, 공제액이 900만 원을 초과하면 900만 원을 공제한다.

| 총연금액 | 공제액 |
|---|---|
| 350만 원 이하 | 전액 |
| 350만 원~700만 원 이하 | 350만 원 + (350만 원을 초과하는 금액의 100분의 40) |
| 700만 원~1,400만 원 이하 | 490만 원 + (700만 원을 초과하는 금액의 100분의 20) |
| 1,400만 원 초과 | 630만 원 + (1400만 원을 초과하는 금액의 100분의 10) |

### 2) 사적연금소득

민간회사에 연금저축(보험, 증권, 은행 적금 등)이나 퇴직연금에 가입해서 연금소득을 수령한 경우 이를 사적연금소득이라고 한다. 이에 대한 과세체계는 다음과 같다. 단, 분리과세연금소득은 제외한다(이하 동일).

- 사적연금수령액이 연간 1,500만 원 이하인 경우→3~5% 원천징수로 납세의무 종결(분리과세. 단 종합과세 선택 가능)
- 사적연금수령액이 연간 1,500만 원을 초과한 경우→다른 소득과 합산해서 종합과세하거나 15%의 원천징수 세율로 분리과세* 중 선택

* 이 경우 별도로 신고할 필요가 없다.

### 3) 공적연금소득과 사적연금소득이 동시에 발생한 경우

일반적으로 은퇴자의 경우 공적연금과 사적연금으로 인해 발생하는 소득이 동시에 발생하는 경우가 많다. 그렇다면 이때 어떤 식으로 세금 정산이 될까?

- 공적연금소득→종합과세가 된다. 다만, 이 외에 다른 소득이 없다면 공단의 연말정산으로 납세의무가 종결된다.
- 사적연금소득→수령액이 1,500만 원을 초과하면 공적연금소득 등과 합산해서 종합과세를 하거나, 아니면 사적연금소득에 대해서만 15%로 분리과세를 신청할 수 있다. 수령액이 1,500만 원 이하면 3~5%로 분리과세가 된다(단, 종합과세 선택 가능).

## 2. 적용 사례

K 씨는 국민연금과 개인연금저축, 퇴직연금에 가입하고 있다.

**Q1.** 이들 연금에서 모두 소득을 받으면 어떤 식으로 세금 정산이 되는가?

국민연금은 공단에서 자체적으로 연말정산을 간략히 해서 세금 정산을 하게 된다. 만일 K 씨에게 사업소득 등이 있다면 이를 합산해서 5월에 종합소득세로 신고하는 것이 원칙이다.

한편, 연금저축과 퇴직연금(분리과세소득 제외)의 경우 이를 지급하는 회사에서 3~5%로 원천징수를 한다. 이때 K 씨의 연금수령액이 연간 1,500만 원을 넘어가면 종합과세와 분리과세(15%) 중 하나를 선택할 수 있다.

**Q2.** 만일 국민연금소득이 연간 1,200만 원이라면 세금은 얼마나 나올까? 단, 소득공제액은 300만 원이라고 하자.

| 구분 | 금액 | 비고 |
| --- | --- | --- |
| 공적연금수령액 | 1,200만 원 | |
| −연금소득공제 | 590만 원 | 490만 원＋(700만 원을 초과하는 금액의 100분의 20) |
| ＝연금소득 금액 | 610만 원 | |
| −소득공제 | 300만 원 | |

| | | |
|---|---|---|
| =과세표준 | 310만 원 | |
| ×세율 | 6% | |
| =산출세액* | 186,000원 | |

* 참고로 산출세액에서는 다음과 같은 세액이 공제된다.

• 매월분 지급액에 대한 원천징수세액(가산세액 제외)

• 자녀 세액공제

• 표준세액공제 등

## 연금소득에 대한 과세체계

연금소득에 대한 과세체계를 표로 정리하면 다음과 같다.

| 연금종류 | | 납입액 소득공제 또는 세액공제 | 연금지급 시 원천징수 | 지급처의 연말정산 | 종합과세 적용 여부 |
|---|---|---|---|---|---|
| 공적연금* | 국민연금 | 소득공제 ·전액(한도 없음) | 연금소득 간이세액표 | 있음. | 무조건 종합과세 |
| | 공무원, 군인연금, 사립학교 교직원 연금 | | | | |
| 사적연금 | 연금저축 | 세액공제 (900만 원 한도)** | 3~5% | 없음. | 1,500만 원 초과 시는 15% 분리과세 또는 종합과세 중 선택(이하는 원칙적 3~5% 분리과세) |
| | 퇴직연금 (세액공제 적용되는 것을 말함) | | | | |

* 공적연금소득은 2002년 1월 1일 이후에 납입된 연금 기여금 및 사용자 부담금(국가 또는 지방자치단체의 부담금 포함)을 기초로 하거나, 2002년 1월 1일 이후 근로의 제공을 기초로 해 받는 연금소득으로 한다(그 이전의 연금에 의한 소득에 대해서는 과세가 되지 않는다).

** 연금저축과 퇴직연금은 연금계좌로 통합해서 관리되고 있다. 한편, 이에 대한 연금계좌 세액공제는 연금저축은 600만 원, 연금저축과 개인형 퇴직연금(IRP)을 합해 900만 원까지 적용된다. 따라서 연금저축액이 0원인 경우 IRP 계좌에 보험료를 납입하면 최대 900만 원의 세액공제를 받을 수 있다.

사적연금소득(민간회사에서 지급되는 연금소득)에 대한 과세체계가 상당히 복잡하다. 연금저축과 퇴직연금에서 발생하는 소득의 유형에 따라 과세방식이 달라지기 때문이다. 따라서 실무에서 혼란을 겪지 않으려면 연금저축과 퇴직연금으로 나눠 이에 대한 과세방식을 제대로 알아둘 필요가 있다. 참고로 원천징수는 소득세율 외에 지방소득세율이 추가된다. 예를 들어 소득세 원천징수세율이 3~5%라면 3.3~5.5%가 전체 징수세율이 된다. 실무 적용 시 참고하기 바란다.

## 1. 연금저축(보험)

세액공제가 적용되는 상품으로 매년 연금수령을 할 수 있고 중도에 해지해 일시금을 받을 수도 있다. 이 경우 다음과 같이 과세방식을 정하고 있다.

- 매년 연금수령→전형적인 연금소득으로 3~5%로 분리과세하는 것이 원칙이다. 다만, 본인의 선택에 따라 종합과세를 선택할 수 있다. 단, 이때 매년 연금수령액이 연간 1,500만 원을 넘어가면 3~5%가 아닌 15%를 적용한다.

- 중도해지로 일시금 수령→중도해지 사유가 부득이한 경우(사망, 해외 이주 등)에는 정상 참작해서 3~5%로 무조건 분리과세를 한다. 따라서 이 경우에는 종합과세를 선택할 수 없다. 그런데 임의로 중도해지를 한 경우에는 불이익을 주는 관점에서 15%로 무조건 분리과세를 한다. 따라서 이 경우에도 종합과세를 선택할 수 없다.

## 2. 퇴직연금

### 1) 퇴직연금계좌

퇴직금을 연금계좌에 납입한 경우에는 이를 일시금으로 받을 수 있고, 연금으로 받을 수 있다. 이때 과세방식은 어떻게 될까?

• 매년 퇴직금 연금수령→이의 본질은 퇴직금이나 매년 나눠 받는다는 뜻에서 세법은 이를 연금소득으로 분류한다. 이때 연금지급자는 3~5%를 원천징수하는 것이 아니라, 연금을 받을 때마다 이연 퇴직소득세의 30%(10년 초과분 40%)를 감면해 원천징수한 후 분리과세를 적용한다. 따라서 이 경우에도 종합과세를 선택할 수 없다.

• 중도해지로 퇴직금 원금 수령→이 경우에는 퇴직금을 지급받은 것으로 보아 퇴직소득세를 분류 과세한다. 분류 과세소득은 종합소득이 아니므로 이 경우에도 종합과세를 선택할 수 없다.

• 퇴직금 운용소득의 연금수령→퇴직금 운용소득은 퇴직금 원금이 아니므로, 앞에서 본 연금저축의 과세체계를 따라간다.
- 매년 연금으로 수령 : 3~5% 원천징수(선택적 분리과세)
- 중도해지로 수령 : 사망 등 3~5%(분리과세), 임의 수령 15%(분리과세)

### 2) IRP 계좌

확정기여형 퇴직연금(DC형) 가입자는 IRP 계좌에 추가납입이 가능하며, 이는 세액공제의 대상이 된다. 따라서 이에 대한 과세방식은 앞의 연금저축과 같다.

▶ 결국, 사적연금소득에 대한 과세체계는 다음과 같이 정리할 수 있다.

- 무조건 분리과세소득은 원천징수로 납세의무가 종결
  - 중도해지로 연금 일시금 수령(사망, 임의 포함)
  - 퇴직연금 원금을 연금으로 수령

- 이 외 나머지 사적연금소득(매년 수령하는 연금소득)은 분리과세와 종합과세 중 선택(선택적 분리과세)
  - 연간 연금소득이 1,500만 원 이하 시 : 3~5% 분리과세와 종합과세 중 선택
  - 연간 연금소득이 1,500만 원 초과 시 : 15% 분리과세와 종합과세 중 선택

**Tip** 퇴직금 원금과 운용소득에 대한 과세방법 요약

| 구분 | | | 소득 구분 | 원천징수 | 과세방법 |
|---|---|---|---|---|---|
| 퇴직금 원금 | 연금수령 | | 연금소득 | 이연 퇴직소득세의 60~70% | 무조건 분리과세 |
| | 연금 외 수령 | | 퇴직소득 | 퇴직소득세 | 분류 과세 |
| 운용소득* | 연금수령 | | 연금소득 | 3.3~5.5% | 선택적 분리과세** |
| | 연금 외 수령 | 사망 등의 사유 | 연금소득 | 3.3~5.5% | 무조건 분리과세 |
| | | 위 외 사유 | 기타소득 | 16.5% | 무조건 분리과세 |

\* IRP 계좌에 추가로 납입한 퇴직연금과 연금저축(보험)에 대한 과세체계도 이와 같다.

\*\* 매년 연금을 지속해서 수령한 경우에만 선택적 분리과세가 가능하며, 이때 분리과세소득을 제외한 연금수령액이 1,500만 원 이하일 경우에는 3~5% 분리과세 또는 종합과세, 초과 시는 15% 분리과세 또는 종합과세가 적용된다. 이 외 다른 소득은 무조건 분리과세가 적용된다.

개인이 보험에 가입해서 보험금을 받을 때 건강보험료가 부과되는지도 관심사가 된다. 다음에서 이에 대해 정리해보자.

## 1. 보험의 종류와 건강보험료

### 1) 건강보험료 산정 대상 소득

보험에서 발생한 소득에 대해 직장 가입자의 보수 외 소득 또는 지역에서 건강보험료가 부과되기 위해서는 국민건강보험법 시행규칙 제44조 제1항에서 정하고 있는 소득에 해당해야 한다. 이를 표로 요약하면 다음과 같다.

| 구분 | 산정 대상 | 비고 |
|------|-----------|------|
| 금융소득 | 이자와 배당소득의 합계가 1,000만 원 초과 시 반영 | 이 금액 이하 시에는 소득이 없는 것으로 간주 |
| 사업소득 | · 수입에서 필요경비를 차감한 금액<br>· 분리과세 주택임대소득은 50%의 필요 경비율을 적용함. | |
| 근로소득 | 총급여(근로소득공제 전의 금액) | 직장 가입자가 아닌 경우에만 해당 |
| 연금소득 | · 공적연금수령액<br>· 연금소득 중도해지 시의 기타소득은 산정 대상에 포함 | 사적연금소득은 국세청에서 미통보로 소득 산정에서 제외 |
| 기타소득 | 필요경비 공제 후의 금액 | |

### 2) 피부양자 자격

앞의 건강보험료 산정 대상 소득의 합산금액이 연간 2,000만 원 초과하거나 사업자등록을 하여 이익이 난 경우 등은 피부양자 자격이 박탈된다. 이 외에 재산 기준에 따라서도 피부양자 자격이 박탈될 수 있다.

## 2. 적용 사례

K 씨는 최근 퇴직하고 연금을 수령 중에 있다.

---

**자료**

- 국민연금 수령 : 연간 1,200만 원
- 연금저축(사적연금) 수령 : 연간 2,000만 원

---

**Q1.** 국민연금소득에 대한 소득세 과세방식은?
국민연금소득은 종합과세가 적용되는 것이 원칙이다.

**Q2.** 연금저축에서 발생한 연금소득에 대한 소득세 과세방식은?
해당 연금소득에 대해서는 종합과세와 15% 분리과세 중 선택할 수 있다.

**Q3.** Q2에서 15%로 분리과세하는 것이 좋을까?
이 같은 의사결정은 '국민연금 연말정산세액+분리과세 소득'과 '연금소득 종합과세'로 세액을 나눠 계산한 후 의사결정을 해야 한다.

- 국민연금 연말정산세액+분리과세 소득=186,000원*+300만 원**=318만 원

\* 이에 대한 산출근거는 85페이지를 참조하기 바란다.
\** 2,000만 원×15%=300만 원

• 연금소득 종합소득세의 계산(소득공제 300만 원 가정)

| 구분 | 금액 | 비고 |
|---|---|---|
| 공적연금수령액 | 3,200만 원 | |
| −연금소득공제 | 810만 원 | 630만 원+(1,400만 원을 초과하는 금액의 100분의 10) |
| =연금소득 금액 | 2,390만 원 | |
| −소득공제 | 300만 원 | |
| =과세표준 | 2,090만 원 | |
| ×세율 | 15% | |
| −누진공제 | 126만 원 | |
| =산출세액 | 1,875,000원 | |

▶ 이 경우 종합과세를 적용하는 것이 세금 부담이 적게 나오는 것으로 나왔다.

**Q4.** K 씨는 자녀 앞으로 건강보험료 피부양자로 등재되어 건강보험료를 내고 있지 않다. 그런데 국민연금과 사적연금을 합해 2,000만 원이 넘어감에도 왜 피부양자 자격이 유지되는가?

연금소득이 2,000만 원이 넘어가므로 피부양자 자격이 박탈되는 것이 타당하나, 현재 사적연금소득에 대한 자료가 국세청에서 공단으로 미통보되므로 사례의 경우 피부양자 자격을 유지하게 된다. 참고로 K 씨에게 사업소득(주택임대소득 포함)이 있는 상황에서 이익이 1원이라도 발생하면 피부양자 자격이 박탈된다(사업자등록이 없는 경우에는 매출 500만 원을 기준으로 한다).

▶ 고령자나 은퇴자의 경우 경제적 사정을 고려해 유연한 운영이 이뤄지는 경우가 많다. 이에 대한 자세한 내용은 공단에 문의하기 바란다.

| 구분 | 건강보험 소득포함 여부 | 피부양자 자격 |
|---|---|---|
| ① 보장성보험* | × | 유지 |
| ② 저축성보험** | 금융소득 1,000만 원 초과 시 포함 | 합산소득이 2,000만 원 초과 시 박탈 (단, 사적연금소득은 제외) |
| ③ 연금저축보험 (사적연금)*** | ×(국세청에서 미통보) | |
| ④ 공적연금**** | ○ | |

\* 보장성보험은 소득세가 과세되지 않으므로 건강보험 소득에도 포함하지 않고 피부양자 자격에도 영향을 주지 않는다.

\*\* 저축성보험의 경우 이자소득(배당소득 포함)이 1,000만 원 초과 시 건강보험 소득에 포함된다. 피부양자 자격은 금융소득을 포함한 합산소득이 2,000만 원 초과 시 박탈된다. 참고로 저축성보험 차익에 대한 이자소득이 비과세되면 건강보험료와 피부양자 자격에 영향을 주지 않는다. 마케팅 포인트가 된다.

\*\*\* 연금저축보험에 의한 사적연금소득은 건강보험 소득에 포함되지 않으며, 피부양자 자격에도 영향을 주지 않는다. 다만, 중도에 해지한 경우에는 기타소득으로 분리과세되는데 이 경우에는 건강보험료의 소득과 피부양자 자격에 영향을 준다.

\*\*\*\* 공적연금은 건강보험 소득에 포함되고 피부양자 자격에도 영향을 주지만 현실적으로 이를 유예하는 경우가 많다(공단에 문의).

- 연간 금융소득이 1,200만 원이고 국민연금(공적연금)이 900만 원인 경우→합계 2,100만 원으로 피부양자 자격 탈락(2,000만 원 초과), 지역에서 건보료 부과
- 연간 금융소득이 900만 원이고 국민연금이 1,200만 원인 경우→합계 1,200만 원으로 피부양자 자격 유지(금융소득 1,000만 원 이하는 없는 것으로 간주)

제**3**장

542

보험 계약 :
가입·변경·해지 시
세무상 쟁점을 확인하라!

# 보험 계약과
# 세무상 쟁점

보험상품 가입부터 해지 시까지 다양한 세무상 쟁점이 발생할 수 있다. 다음에서 이에 대해 정리해보자. 먼저 계약을 체결할 때부터 살펴보자. 일반적으로 계약은 다음과 같은 구조로 체결된다.

| 보험 계약자 | 피보험자 | 보험 수익자 |
|---|---|---|
| 계약 체결의 주체 및 보험료 납입하는 자* | 보험의 보장대상이 되는 사람 (자연인) | 보험금을 지급받는 개인과 법인(계약자가 지정) |

\* 개인과 법인을 포함한다. 참고로 계약자를 주계약자, 부계약자 등 복수로 해서 계약할 수 있다.


## 1. 계약과 세무상 쟁점

보험상품별로 계약을 체결할 때 발생할 수 있는 세무상 쟁점을 정리해보자.

### 1) 보장성보험
보장성보험에 가입한 후 보험금을 받으면 개인과 법인에 따라 다음과 같은 세무상 쟁점이 발생한다.

### ① 개인

개인이 수령한 보험금은 소득세 과세문제는 없으나, 상속세와 증여세의 문제가 있다. 예를 들면 다음과 같다.

- 계약자와 피보험자가 부모이고, 자녀가 수익자인 상태에서 피보험자가 사망하면 상속세 또는 증여세가 과세될 수 있다.
- 계약자와 수익자가 자녀이고, 피보험자가 부모인 상태에서 피보험자가 사망하면 상속세와 증여세 문제는 없다.

▶ 개인이 보장성보험에 가입할 때는 다음과 같은 형태로 해야 상속세와 증여세 문제를 없앨 수 있다.

| 계약자 | 피보험자 | 수익자 |
|---|---|---|
| 자녀 | 부모 | 자녀 |

### ② 법인

법인의 보장성보험은 대개 다음과 같은 형태로 진행된다.

| 계약자 | 피보험자 | 수익자 |
|---|---|---|
| 법인 | 임원, 직원 | 법인 |

법인이 보장성보험금을 받으면 모두 법인에 귀속되고 이에 대해서는 법인세가 과세되는 것이 원칙이다(물론 소멸성 보험료에 대해서는 비용으로 처리하는 것이 원칙이다).

### 2) 저축성보험

저축성보험에 대한 이자를 받았을 때 이자소득에 대한 처리방법이
개인과 법인 간에 차이가 있다.

| 구분 | 개인 | 법인 |
|------|------|------|
| 비과세 | 가능(한도 내 10년 이상 유지 시) | 법인세로 무조건 과세 |
| 분리과세 | 가능(금융소득이 2,000만 원 이하 시) | |
| 종합과세 | 가능(금융소득이 2,000만 원 초과 시) | |

한편, 저축성보험도 계약자와 수익자가 다른 경우 앞의 보장성보험
에서 본 것과 같은 상속세와 증여세의 문제가 발생할 수 있다.

### 3) 연금저축보험

개인에게 세액공제가 적용되는 연금저축보험(세제적격 연금보험)에 가입
한 후 연금소득을 받으면 이에 대해서는 다음과 같이 연금소득세가 발
생한다.

| 구분 | 개인 | 법인 |
|------|------|------|
| 분리과세 | 연간 연금수령액이 1,500만 원 이하 시(3~5%)* | 해당 사항 없음. |
| 선택적 분리과세 | 연간 연금수령액이 1,500만 원 초과 시에는 종합 과세(6~45%)와 15% 분리과세 중 선택할 수 있음. | |

* 물론 이론상 종합과세를 선택할 수 있다.

한편, 연금저축보험은 계약자와 수익자가 같아 앞의 보장성보험에서
본 것과 같은 상속세와 증여세의 문제가 거의 발생하지 않는다.

## 2. 적용 사례

K 씨는 다음과 같은 보험에 가입하고 있다.

**자료**

| 구분 | 내용 | 비고 |
|------|------|------|
| ① 종신보험 | 계약자, 피보험자, 수익자는 모두 K 씨 | |
| ② 저축성보험 | 계약자와 수익자는 K 씨, 피보험자는 자녀 | |
| ③ 연금저축(보험)* | 계약자, 피보험자, 수익자는 모두 K 씨 | 단, 보험료는 부모가 대납함. |

\* 세제적격 연금보험을 말한다.

**Q1.** 앞의 상품 중에서 세액공제를 받을 수 있는 상품은?

세액공제가 적용되는 보험상품에는 종신보험 같은 생명보험과 자동차보험 같은 손해보험이 있다. 이 외에 연금저축보험도 세액공제를 적용받을 수 있다. 전자는 근로소득자들을 대상으로 연간 100만 원, 후자는 근로소득자와 사업자들을 대상으로 연간 600만 원(IRP 계좌 고려 시 900만 원)까지 세액공제가 된다. 사례의 경우 ①과 ③의 상품에 대해 세액공제가 적용된다.

**Q2.** ① 종신보험에 가입 중 사망보험금이 발생해서 K 씨의 자녀가 이를 받으면 세무상 어떤 문제점이 있는가?

사례처럼 피보험자가 계약자가 된 상태에서 피보험자의 사망으로 보험금이 발생한 경우(이때의 보험금은 상속재산에 포함된다)에는 보험금에 대해 상속세가 부과될 수 있다.

▶ 이때의 보험금은 계약자가 납입한 돈에 의해 발생한 것인데 계약자인 피보험자가 사망했기 때문에 상속재산에 해당하는 것이다.

**Q3.** ② 저축성보험이 만기가 되어 보험금을 수령하면 이에 대한 이자소득세는 누가 부담하는가?

보험금 수령자인 K 씨가 부담해야 한다.

**Q4.** ③ 연금저축보험에서 K 씨가 연금을 수령할 때 발생할 수 있는 세무상 쟁점은?

K 씨의 부모 돈에 의해 K 씨가 연금을 수령하게 되면 일단 증여세 문제가 발생한다. 또한, K 씨가 받은 연금소득에 대해서는 연금소득세가 과세된다.

- 연금개시 시→정기금 평가로 증여세 부과
- 연금수령 시→연금소득에 대한 소득세 과세

**Q5.** Q4에서처럼 증여세를 없애기 위해서는 어떻게 해야 하는가?

본인의 소득으로 불입하는 것이 가장 좋다. 만일 보험료가 부족한 경우에는 미리 증여를 받아 이의 금액으로 불입하는 것이 좋을 것으로 보인다.

# 계약자 또는 수익자의 변경과
# 세무상 쟁점

보험은 '계약자-피보험자-수익자'의 형태로 계약이 체결된다. 그리고 이러한 계약은 필요 때문에 언제든지 그 내용이 달라질 수 있다. 변경계약을 할 수 있기 때문이다. 그런데 문제는 계약자나 수익자 등을 변경하면 이에 따라 세무상 쟁점이 발생한다는 것이다. 다음에서 이에 대해 알아보자.

## 1. 명의변경

보험 계약에서 보험 계약자, 피보험자 그리고 수익자를 각각 변경하거나 동시에 변경할 수 있다. 다음에서는 보험상품 종류별로 이에 대해 요약해보고 자세한 내용은 사례를 통해 확인해보자.

첫째, 계약자 명의를 변경하면 수익자가 누구인지를 점검해야 한다.

만일 명의변경으로 계약자와 수익자가 같거나 달라지면 상속세와 증여세의 문제가 있다. 또한, 저축성보험이나 연금저축보험의 경우 소득세 문제가 추가로 발생할 수 있다.

▶ 계약자나 수익자를 변경하면 사망보험금 등을 변경 전과 후로 나누어 과세 판단을 해야 한다. 이때 안분기준으로는 계약자가 납부한 보험료를 사용한다.

A가 1,000만 원, B가 1,000만 원의 보험료를 납부한 후 1억 원을 수령한 경우
- A 보험금 : 1억 원×(1,000만 원/2,000만 원)=5,000만 원
- B 보험금 : 5,000만 원

둘째, 피보험자의 변경은 세무와 직접적인 관계가 없다.
보험료를 내거나 보험금을 받는 것과 거리가 멀기 때문이다.

셋째, 수익자의 변경은 계약자와 수익자의 관계에 따라 다음과 같은 세무상 쟁점이 발생할 수 있다.

- 보장성보험→상속세와 증여세의 문제가 발생할 수 있다.
- 저축성보험→상속세와 증여세, 여기에 더해 이자소득세가 발생할 수 있다.
- 연금저축보험→상속세와 증여세, 여기에 더해 연금소득세가 발생할 수 있다.

### ※ 명의변경과 세무상 쟁점

| 구분 | 명의변경 | | |
|---|---|---|---|
| | 계약자의 변경 | 피보험자의 변경 | 수익자의 변경 |
| 보장성보험 | (상속세와 증여세 과세에 영향) | - | 상속세와 증여세에 영향 |
| 저축성보험 | | - | 증여세와 이자소득세에 영향 |
| 연금저축보험 | | - | 증여세와 연금소득세에 영향 |

## 2. 적용 사례

사례를 통해 앞의 내용을 확인해보자.

**자료**

| 구분 | 계약자 | 피보험자 | 수익자 |
|------|--------|----------|--------|
| ① 보장성보험 | A | A | A |
| ② 저축성보험 | A | A | A |
| ③ 연금저축보험 | A | A | A |

**Q1.** ① 보장성보험에서 계약자와 수익자를 B로 변경한 경우의 과세문제는?

계약자와 수익자가 A에서 B로 각각 바뀌었다. 이러한 상황에서는 변경되기 전에 A가 납입한 보험료에 의한 보험금을 B가 받으므로 이 경우에는 증여세 문제가 발생한다.

예를 들어 보험료 납입액은 아버지와 자녀가 똑같이 한 경우로서 보험금을 1억 원 받았다면 1억 원의 절반인 5,000만 원이 증여세 과세대상이 된다(만일 아버지가 사망한 경우에는 상속재산가액에 합산되어 상속세로 정산된다).

**Q2.** ② 저축성보험에서 A가 10년 이상을 납입한 상태에서 계약자와 수익자를 B로 변경한 경우 세무상 쟁점은?

이 경우 2가지 세금문제가 발생한다. 그중 하나는 증여세이고 다른 하나는 이자소득세 비과세가 적용되는지의 여부다.

전자의 경우 A의 보험금을 B가 증여받은 것이므로 증여세가 과세되는 것은 이론의 여지가 없다. 그렇다면 B가 변경 후에 10년이 안 된 상태에서 만기보험금을 받을 때 이자에 대해서는 비과세를 할 수 있을까?

아니다. 비과세를 위한 보험 유지 기간은 사람별로 적용하기 때문에 자녀의 저축성보험 유지 기간이 10년 이상이 되어야 한다(단, 2013년 2월

15일 전에 가입한 것은 가입자 기준으로 한다).

**Q3.** ③ 연금저축보험에서 계약자인 A가 보험료를 내는 것이 아니라, 그의 부모가 대신 내주고 있다. 이에 대해서는 어떤 문제가 있을까?

실제 부모가 대신 내준 사실이 밝혀지면, 이 경우 연금소득에 대해서는 일차적으로 증여세가 발생할 수 있다. 물론 연금소득에 대해서는 별도로 소득세가 부과된다.

# 보험료의 납입 및 중도인출 등과
# 세무상 쟁점

계약을 체결할 때 보험료를 선납이나 일시납 등으로 할 수 있고, 중도에 증액이나 감액을 할 수도 있다. 또한, 자금이 급해 중도인출이나 대출 등을 받을 수도 있다. 그렇다면 이러한 보험료 납입과 관련해서 어떤 세무상 쟁점이 발생할까? 이러한 내용을 미리 정리해두면 향후 보험세무가 상당히 쉬워진다. 다음에서 이에 대해 알아보자.

## 1. 보험료의 납입과 세무상 쟁점

### 1) 보험료의 납입방법

| 구분 | | 선납 | 일시납 |
|---|---|---|---|
| ① 보장성보험 | | 제한 없음. | |
| ② 저축성 보험 | 일시납 | 제한 없음(단, 1억 원 한도). | |
| | 월적립식 | 월적립식 비과세 적용 시 6개월 이내여야 함. | 안 됨(매월 균등 보험료 납입). |
| | 종신형 연금 | 제한 없음(한도 없음). | |
| ③ 연금저축보험 | | 제한 없음(단, 연간 1,800만 원 한도). | |

## 2) 보험료의 증액 또는 감액

| 구분 | | 증액 | 감액 |
|---|---|---|---|
| ① 보장성보험 | | 제한 없음. | |
| ② 저축성 보험 | 일시납 | 한도 내 허용(1억 원 한도) | |
| | 월적립식 | 최초 기본보험료의 1배 이내 허용 | 명시적인 규정은 없음.* |
| | 종신형 연금 | 없음(한도 없음). | |
| ③ 연금저축보험 | | 한도 내 허용(연간 1,800만 원 한도) | |

\* 다만, 감액분은 해지로 보기 때문에 이 경우 기본보험료가 줄어드는 효과가 발생한다. 따라서 다른 요건을 충족하면 비과세를 받을 수 있을 것으로 보인다.

▶ 보험료 납입과 관련해서 선납은 월적립식 저축성보험의 비과세 요건, 증액과 감액 요건도 이와 관련된다. 이에 반해 일시납 비과세 저축성보험과 연금저축보험의 경우 가입 한도 내에서는 자유롭게 보험료를 납입할 수 있다.

## 2. 보험료의 중도인출과 세무상 쟁점

계약 기간에 보험료를 인출하는 경우에는 저축성보험 차익 비과세를 받는 데 큰 문제는 없다. 참고로 보험약관대출을 받으면 세법상 큰 문제가 없다. 다만, 약관대출을 받아 이를 자녀에게 사용케 하는 등 증여의 성격이 있으면 이에 대해 증여세를 과세하는 것이 원칙이다.

▶ 참고로 저축성보험에서 중도에 이자를 인출하는 것은 비과세에 영향을 미치지 않지만, 원금을 포함해서 연금식으로 이를 인출하면 비과세에 영향을 주는 것이 일반적이다.

## 3. 적용 사례

사례를 통해 앞의 내용을 확인해보자.

자료

| 구분 | 가입 내용 | 비고 |
|---|---|---|
| ① 보장성보험 | 매월 납입보험료 : 10만 원 | |
| ② 저축성보험 | 매월 납입보험료 : 100만 원 | 월적립식 비과세용 |
| ③ 연금저축보험 | 매월 납입보험료 : 50만 원 | 세제적격 연금보험 |

**Q1.** ① 보장성보험에 대한 보험료를 월 20만 원으로 증액하고자 한다. 이 경우 세무상 쟁점은?

없다.

**Q2.** ② 저축성보험은 비과세를 목표로 하고 있다. 이때 보험료를 100만 원에서 50만 원으로 감액하고자 한다. 비과세가 적용되는가?

감액된 50만 원은 해지로 처리하므로 기본보험료가 50만 원이 된다. 따라서 이 경우에는 비과세가 적용되는 것으로 판단된다(유권해석을 통해 확인하기 바란다).

**Q3.** ③ 연금저축보험은 얼마까지 추가 납입할 수 있는가? 이때 추가납부 금액에 대해서도 세액공제를 받을 수 있는가?

연금저축보험(은행 적금, 증권포함)의 연간 납부 한도는 1,800만 원이다. 따라서 이 금액까지 납입한 개인*에 대해 600만 원을 한도로 세액공제가 적용된다. 따라서 사례의 경우 이미 600만 원 한도를 적용받았으므로 초과납입분에 대해서는 공제 혜택이 없다.**

\* 세액공제를 받기 위해서는 근로소득자이거나 개인사업자로 세금 정산 시 산출세액이 나와야 한다. 여기에서 세액공제가 적용되기 때문이다.

\*\* 만일 추가로 세액공제를 더 받기 위해서는 개인적으로 개인형 퇴직연금계좌(IRP)에 300만 원을 추가하면 된다. 그 결과 총 900만 원까지 세액공제가 가능해진다.

# 보험금의 수령과
# 세무상 쟁점

지금까지 계약을 둘러싼 다양한 세무상 쟁점을 살펴보았다. 다음에서는 보험금을 수령할 때 보험의 종류별로 원천징수 등을 어떤 식으로 하는지 그리고 과세관청에 지급명세서를 어떤 형태로 제출하는지 등을 살펴보자.

## 1. 보험금 수령과 세무상 쟁점

보험금 수령에 따른 세무상 쟁점을 표로 요약하면 다음과 같다.

| 구분 | 수령형태 | 원천징수 | 지급명세서 통보 |
|---|---|---|---|
| ① 보장성보험 | 일시금 | – | 통보 |
| ② 저축성보험 | 일시금 또는 연금식 | 15.4% | 통보 |
| ③ 연금저축보험 | 매년 연금 | 3.3~5.5%* | 통보 |

\* 중도해지 시 16.5%로 원천징수한다. 다만, 부득이한 사유(해외 이주 등)에 의한 경우에는 3.3~5.5%로 원천징수한다.

여기서 원천징수는 이자소득은 14%(지방소득세 포함 시 15.4%)가 되며, 연금소득은 다음과 같이 원천징수를 한다.

※ 연금소득자의 나이에 따른 세율

| 나이(연금수령일 현재) | 세율 | 비고 |
|---|---|---|
| 70세 미만 | 5%(5.5%) | 종신연금 세율 :<br>4%(4.4%) |
| 70세 이상~80세 미만 | 4%(4.4%) | |
| 80세 이상 | 3%(3.3%) | |

## 2. 적용 사례

사례를 통해 앞의 내용을 알아보자. K 씨가 계약한 보험에서 다음과 같은 사건들이 발생했다.

> **자료**
> ① 저축성보험료 감액 : 1,000만 원
> ② 중도해지로 이자 수령 : 500만 원
> ③ 중도금 인출
> ④ 명의변경

**Q1.** 위의 각각의 경우에 보험금 지급명세서는 통보되는가? 그리고 어떤 세금문제가 있는가?

앞의 상황에 맞게 보험금 지급명세서가 국세청에 통보되는지의 여부 등을 살펴보면 다음과 같다.

| 구분 | 통보 여부 | 세금문제 |
|---|---|---|
| ① 보험료 감액 | 통보 | 해지 환급금 과세 |
| ② 중도해지로 이자 수령 | 통보 | 이자소득 과세 |
| ③ 중도금 인출 | 통보 | 사용 성격에 따른 과세 |
| ④ 명의변경 | 통보 | 보험금 수령 시 증여세 |

**Q2.** 지급명세서는 어떤 식으로 다뤄야 하는가?

보험금 지급명세서가 국세청에 제출되면 과세자료로 활용될 가능성이 크다. 따라서 사전에 이에 대한 분석을 철저히 해둘 필요가 있다.

첫째, 생명보험이나 손해보험에서 사망이나 질병 등에 의해 보험금을 지급하면 지급명세서를 제출해야 한다. 사망보험금 등에 대해서는 상속세 등을 과세하기 위해서다. 따라서 명의변경이 이뤄지면 관련 내역이 기재된 지급명세서를 제출하는 것이 원칙이다. 다만, 수익자와 보험료 납부자가 같은 경우로서 보험금 지급금액이 누적 1,000만 원 미만이면 제출하지 않아도 된다(수익자와 납부자가 다른 경우에는 무조건 제출).

둘째, 보험료를 인출하는 때도 지급명세서를 제출해야 한다. 다만, 이 경우에도 수익자와 보험료 납부자가 같은 경우로서 보험금 지급금액이 누적 1,000만 원 미만이면 지급명세서를 제출하지 않아도 된다.

셋째, 저축성보험 차익에 대한 보험금을 지급하면 과세 여부를 떠나 다음 연도 2월 말일까지 통보되어야 한다. 이때 과세되는 보험차익을 지급할 때는 보험차익에 대해서는 15.4%를 원천징수해서 다음 달 10일까지 관할세무서에 원천징수세액을 납부해야 한다.

■ 상속세 및 증여세법 시행규칙 [별지 제19호서식] (2015. 03. 13. 개정)(2015. 03. 13. 개정)

# 보험(해지환급)금 　지급명세서

( 　년 월 ~ 월 지급분)

| ① 일련번호 | ② 보험의 종류 | ③ 보험증서번호 | ④ 지급보험금액 | ⑤ 지급유형 | ⑥ 보험금지급사유 | ⑦ 보험계약일 | ⑧ 보험사고 발생일 (중도해지일) | ⑨ 보험금수령인 | | | ⑬ 계약자 (보험료 납부자) | | | ⑯ 명의변경일자 |
|---|---|---|---|---|---|---|---|---|---|---|---|---|---|---|
| | | | | | | | | ⑩ 성명 | ⑪ 주민등록번호 | ⑫ 관계 | ⑭ 성명 | ⑮ 주민등록번호 | | |
| | | | | | | | | | | | | | | |
| | | | | | | | | | | | | | | |

「상속세 및 증여세법」 제82조 제1항 및 같은 법 시행령 제84조 제1항에 따라 보험(해지환급)금 지급명세서를 위와 같이 확인하여 제출합니다.

년　　　월　　　일

제출자 상호(법인명)
사업자등록번호

## 세 무 서 장 귀하

### 작성방법

1. 이 보험(해지환급)금 지급명세서에는 모든 생명보험금 또는 손해보험금 지급내용을 적습니다. 다만, 보험금 수령인과 보험료 납부자가 같은 경우로서 보험(해지환급)금 지급 누계액이 1,000만 원 미만인 경우에는 적지 아니합니다.
2. ⑤란에는 연금·정기금·일시금으로 구분하여 적습니다.
3. ⑥란에는 사망, 만기지급, 중도해지, 기타로 적습니다.
4. ⑨란에는 중도해지로 인한 해지 환급금 지급인 경우에는 해지 환급금 수령인을 적습니다.
5. ⑬란에는 사망으로 인한 보험금 지급의 경우에는 계약자, 기타 보험사고로 인한 보험금 지급의 경우에는 보험료납부자의 인적사항을 적습니다.
6. ⑯란에는 보험(해지환급)금 지급 시 명의변경된 경우 최종 명의변경일자를 적습니다.

# 보험 계약 해지와
# 세무상 쟁점

보험 계약을 유지 중에 해지한 경우에는 일반적으로 해지 환급금을 받는 경우가 많다. 그렇다면 이 경우 어떤 세무상 쟁점들이 발생할까? 다음에서 간략히 정리해보자.

## 1. 계약 해지와 세무상 쟁점

계약을 중도에 해지하는 경우 어떤 세금문제가 나타나는지 보험종류별로 살펴보자.

| 구분 | 중도해지 시 불이익 | |
|---|---|---|
| 보장성보험 | 문제없음(세액공제 적용분에 대한 추징은 없음). | |
| 저축성보험 | 비과세가 적용되는 경우 | · 가입 후 10년 미만 내에 해지 시 : 이자소득세<br>· 가입 후 10년 후에 해지하는 경우 : 문제없음. |
| | 비과세가 적용되지 않는 경우 | 이자소득세 |
| 연금저축보험 | · 세액공제를 받은 경우 : 기타소득세 과세<br>· 세액공제를 받지 않은 경우 : 과세되지 않음. | |

보장성보험은 중도에 해지하더라도 세무상 문제가 없다. 하지만 저축성보험은 비과세가 적용되는 경우에는 10년이 안 되면 이자소득세 과세문제가 있다. 한편, 세액공제를 받은 후 연금저축을 중도에 해지하면 불이익을 크게 받는다. 세법에서는 중도해지에 의한 연금수령액을 기타소득으로 보아 16.5%(단, 부득이한 경우는 3.3~5.5%)의 세율로 과세하기 때문이다. 하지만 연금형태로 받은 소득이라도 당초에 세액공제를 받지 않았다면 중도에 해지하더라도 세법상 문제는 없다.*

> * 세액공제를 적용받지 않은 납부원금은 과세 제외된다. 이때 홈택스상에서 '연금보험료 등 세액공제 확인서'를 발급받아 이를 금융기관에 제출해야 한다.

## 2. 적용 사례

사례를 통해 앞의 내용을 확인해보자.

**자료**

| 구분 | 보험기간 | 보험료 납입액 | 비고 |
|---|---|---|---|
| ① 보장성보험 | 종신 | 2,000만 원 | |
| ② 저축성보험 | 20년 | 5,000만 원 | |
| ③ 연금저축보험 | 20년 | 2,000만 원 | |

**Q1.** ① 보장성보험을 중도에 해지함에 따라 해지 환급금 1,000만 원을 받았다. 이 경우 세무상 쟁점은 무엇인가?

보장성보험의 해지 환급금에 대해서는 세금문제가 발생하지 않는다.

**Q2.** ② 저축성보험을 해지하면서 해지 환급금으로 5,100만 원을 받았다. 이 경우 이자소득세가 과세되는가?

그렇다. 100만 원에 대해 15.4% 상당액이 과세된다.

**Q3.** ③ 연금저축보험을 해지하면서 일시금으로 1,800만 원을 받았다. 이 경우 어떤 세금문제가 발생하는가?

- 납입한 보험료 : 2,000만 원(세액공제를 받음)
- 해지 환급금 : 1,800만 원

이 경우 세액공제를 받은 납입보험료 총액인 2,000만 원 중 환급금이 기타소득세 과세대상이 된다. 따라서 이에 대해 다음과 같이 기타소득세를 예상할 수 있다.

- 1,800만 원×16.5%=297만 원(지방소득세 포함)

**절세탐구** | **명의변경 시 주의해야 할 상속세와 증여세**

보장성보험 등 모든 보험에 대해 계약하거나 계약자 등을 변경할 때는 상속세와 증여세 과세대상이 달라질 수 있다. 따라서 계약을 체결하거나 변경할 때는 특히 이 부분에 관심을 둘 필요가 있다.

## 1. 계약과 상속·증여세 과세원리

보험상품은 계약자와 피보험자 그리고 보험금을 수령하는 사람이 각각 달리 존재할 수 있다. 이런 특성에 의해 보험상품이 자칫 편법 증여나 상속수단으로 사용될 개연성이 있다. 그래서 세법은 다음과 같은 원리로 이를 방지하고 있다.

- 만기보험금의 경우→계약자와 수익자가 다른 경우 증여세를 부과한다. 계약자가 납입한 돈에 의해 발생한 보험금은 계약자에게 지급해야 하나, 다른 사람에게 지급되었기 때문에 이는 증여세 과세대상으로 한다는 것이다.

- 사망보험금의 경우→①계약자와 ②피보험자가 일치(①=②)한 상태에서 피보험자가 사망해 사망보험금이 발생하면 이는 상속세 과세대상 보험금으로 본다. 따라서 이때는 증여세 문제는 없다(선 상속세 과세원칙). 그러나 이 둘의 관계가 일치하지 않으면 상속세는 부과되지 않으나 증여세 문제를 검토해야 한다. 이때 세법은 ①계약자와 ③수익자의 관계가 일치(①=③)하면 증여세를 부과하지 않으나 일치하지 않으면(①≠③) 증여세를 부과한다.

앞의 내용을 여러 가지 계약유형으로 확대해서 살펴보면 다음과 같다.

※ 보험금에 대한 상속·증여 과세관계

| 구분 | 계약자 | 피보험자 | 수익자 | 보험사고 | 과세관계 |
|------|--------|----------|--------|----------|----------|
| ① | A | A | A | 만기 | 상속세나 증여세 과세되지 않음. |
| | | | | A의 사망 | 상속세 |
| ② | A | A | B | 만기 | 증여세(A가 B에 증여) |
| | | | | A의 사망 | 상속세 |
| ③ | A | B | A | 만기 | 상속세나 증여세 과세되지 않음. |
| | | | | B의 사망 | 상속세나 증여세 과세되지 않음. |

①의 경우 계약자와 피보험자 그리고 수익자가 모두 동일인으로 되어 있으므로 만기보험금에 대해서는 증여세 문제는 없다. 그런데 이때 A가 사망한 경우에는 A의 돈으로 보험료를 납입했기 때문에 사망보험금은 A의 상속재산으로 보게 된다.

②의 경우 만기보험금에 대해서는 A가 B에 증여한 것이며, A가 사망해서 사망보험금이 발생한 경우에는 A의 상속재산가액에 포함된다.

③의 경우에는 만기보험금과 사망보험금에 대해서는 증여세나 상속세가 부과되지 않는다. 만기보험금의 경우 증여가 발생하지 않았으며, 사망보험금의 경우 피보험자가 보험료를 납입하지 않아 사망한 피보험자의 상속재산을 형성하지 않기 때문이다.

▶ 이처럼 보험은 계약의 형태에 따라 상속세·증여세 과세방식이 확 달라진다.

## 2. 보험금에 대한 상속·증여 구분 사례

앞에서 살펴본 내용을 가지고 다양한 사례들을 해결해보자.

**Q1.** 다음과 같이 계약을 체결했다. 만기에 보험금 1억 원을 받았다면 세금 관계는? 단, 계약자가 보험료를 납입했다고 가정한다.

| 계약자 | 피보험자 | 수익자 |
|--------|----------|--------|
| 아들 | 아버지 | 아들 |

만기에 보험금을 수령한 경우이므로 상속세와 관계가 없다. 한편, 계약자와 수익자가 일치하므로 증여세 문제도 없다. 계약자가 돈을 내고 본인이 수령했으므로 증여세 문제가 없는 것이다. 참고로 계약자 대신 피보험자인 아버지가 보험료를 납입한 경우에는 실질적으로 아버지의 재산이 아들에게 이전되는 것에 해당한다. 따라서 보험금에 대해서는 증여세가 과세된다.

**Q2.** 보험기간 안에 아버지가 사망해 사망보험금 1억 원을 받았다. 이 경우 세금 관계는? 단, 계약자가 보험료를 납입했다고 가정한다.

| 계약자 | 피보험자 | 수익자 |
|--------|----------|--------|
| 아들 | 아버지 | 아들 |

일단 보험료를 납입한 사람(아들)과 피보험자(아버지)가 다르므로 피상속인의 상속재산에 해당하지 않는다. 따라서 상속세 문제는 없다. 한편, 보험료를 납입한 자와 수익자가 같으므로 증여세 문제도 없다.

**Q3.** 보험기간 안에 아버지가 사망해서 사망보험금 1억 원을 받았다. 이 경우 세금 관계는?

| 계약자 | 피보험자 | 수익자 |
|--------|----------|--------|
| 아버지 | 아버지 | 아들 |

납입한 사람(아버지)과 피보험자(아버지)가 같으므로 피상속인(아버지)의 상속재산에 해당한다. 따라서 해당 보험금은 상속재산에 포함되어 상속세가 과세된다. 그런데 이렇게 보험금이 상속재산에 포함되는 경우 증여세는 과세되지 않는다.

**Q4.** 보험기간 안에 아버지가 사망해 사망보험금 1억 원을 받았다. 이 경우 세금 관계는?

| 계약자 | 피보험자 | 수익자 |
|--------|----------|--------|
| 어머니 | 아버지 | 아들 |

보험료를 납입한 사람(어머니)과 피보험자(아버지)가 다르므로 피상속인(아버지)의 상속재산이 아니다. 따라서 상속세 문제는 없다. 그런데 보험료를 납입한 사람과 보험금을 받은 사람이 다르므로 아들이 증여세를 부담해야 한다. 참고로 어머니가 전업주부로서 보험료 납부능력이 없는 것이 확인되고, 그 보험료를 아버지가 납입했다면 아버지의 유산, 즉 상속재산에 해당된다.

**Q5.** 보험기간 안에 아버지가 사망해 사망보험금 1억 원을 받았다. 이 경우 세금 관계는? 단, 아버지가 보험료를 납입했다고 가정한다.

| 계약자 | 피보험자 | 수익자 |
|--------|---------|--------|
| 어머니 | 아버지 | 아들 |

보험료를 납입한 사람이 어머니가 아니라 아버지이므로 이는 피상속인(아버지)의 상속재산에 해당한다. 하지만 실무적으로 보험료를 실제 누가 냈는지를 기준으로 과세방식을 정하는 것은 기술적으로 상당히 힘들어서 대부분 계약자의 명의와 피보험자의 일치 여부 등을 토대로 과세 여부가 결정되고 있다.

**Q6.** 보험기간 안에 어머니가 사망해서 해지 환급금 1,000만 원을 받았다. 이 경우 세금 관계는?

| 계약자 | 피보험자 | 수익자 |
|--------|---------|--------|
| 어머니 | 아버지 | 아들 |

계약자가 사망해서 해지 환급금을 받으면 계약자의 재산에 해당한다. 어머니의 유산에 해당하는 것으로 보아 여기에 상속세를 부과한다 (단, 어머니의 상속재산가액이 10억 원에 미달하면 상속세는 없다). 그리고 상속세 과세대상에 해당하면 증여세 문제는 없다. 참고로 이러한 상황에서는 계약자를 변경해서 계약을 계속적으로 유지하는 경우가 대부분이다.

**Q7.** 보험기간 안에 계약자가 사망해서 아들 명의로 계약을 변경한 경우의 세금 관계는? 단, 해당 보험은 저축성보험에 해당한다.

| 계약자 | 피보험자 | 수익자 |
|--------|---------|--------|
| 아버지 | 아들 | 아버지 |

사례에서 계약자인 아버지가 사망한 경우에는 사망보험금은 나오지 않는다. 따라서 이 경우 보험금에 대한 상속세 등의 문제는 없다. 다만, 여기서 한 가지 고려할 것은 더 이상 아버지 명의로 계약을 유지할 수 없으므로, 보험명의 변경을 할 수밖에 없다. 이때 아버지가 '납입한 금액과 이자수익을 합한 금액*'은 아버지의 상속재산에 해당하므로 이에 대해서는 상속세를 과세하게 된다.

* 저축에 해당하기 때문에 이런 식으로 평가한다.

**Q8.** 보험기간 안에 피보험자가 사망했다. 이때 피상속인의 계좌에서 매월 보험료로 인출된 금액이 자그마치 1억 원이 넘었다. 이때 아들이 받은 사망보험금은 5억 원이었다. 이 5억 원은 상속재산으로 신고해야 할까?

| 계약자 | 피보험자 | 수익자 |
|---|---|---|
| 아들 | 아버지 | 아들 |

당사자로서는 고민이 될 것이다. 이를 포함하면 상속세가 많이 나오기 때문이다. 하지만 아버지의 계좌에서 보험료로 입금되었다면 이를 빠져나가기는 상당히 힘들 것으로 보인다.

제**4**장

542

직장인 :
세금혜택을 받은 후에는
과세에 주의하라!

# 직장인과
# 연말정산 구조

직장인들은 매년 1월 1일부터 12월 31일까지의 근로소득에 대해 2월 중에 연말정산으로 세금을 정산하게 된다. 다음에서는 연말정산 구조를 간략히 살펴보고자 한다.

### 1. 연말정산 구조

| 구분 | 내용 | 비고 |
|---|---|---|
| 근로소득 | 급여+상여 | 비과세 소득 제외 |
| −근로소득공제 | | 소득법 제47조 참조 |
| =근로소득금액 | | |
| −소득공제 | 본인 공제, 부양가족 공제 등 | 국민연금보험료, 건강보험료 등 공제 |
| =과세표준 | | |
| ×세율 | 6~45% | |
| −누진공제 | | |
| =산출세액 | | |

| | 자녀 세액공제, 보험료·교육비 등 세액공제 | · 보험 관련 공제 : 보장성보험·연금저축보험 세액공제 |
|---|---|---|
| -각종 세액공제 | | |
| =결정세액 | | |
| -기납부세액 | 원천징수세액 | |
| =납부할 세액 | | |

소득공제는 과세표준을 줄여 세율 적용을 받는 소득을 낮추고, 세액공제는 세액 자체를 줄이는 방식이므로, 상황에 따라 2가지 방식이 모두 중요한 역할을 한다.

## 2. 적용 사례

K 씨는 근로소득자에 해당한다. 다음 물음에 답해보자.

**Q1.** 직장인이 받을 수 있는 소득공제와 세액공제는 어떻게 적용되는가?

소득공제는 근로소득 금액에서 차감되므로 과세표준을 줄여준다. 따라서 소득이 높은 층에 유리한 방식이다. 공제금액에 6~45%를 곱한 금액이 줄어들기 때문이다. 이에 반해 세액공제는 산출세액에서 공제액에 12% 등을 곱한 금액을 획일적으로 차감하므로 소득수준과 무관하다(다음 Tip 참조).

**Q2.** 보험과 관련해서 직장인이 받을 수 있는 세액공제 상품은?

• 생명보험, 상해보험, 손해보험 : 근로자당 100만 원 한도(12%)
• 장애인 전용보험 : 근로자당 100만 원 한도(15%)
• 연금저축보험 : 근로자당 600만 원 한도(12~15%)*

\* IRP 계좌에 입금한 퇴직연금에 대해서는 추가로 공제를 받을 수 있다. 연금저축보험과 합해서 900만 원이 한도다. 참고로 개인사업자도 연금저축보험에 대한 세액공제를 받을 수 있다.

**Q3.** 직장인이 보험에 대해 세액공제를 받았다고 하자. 이후 보험금을 수령하면 세금이 발생하는가?

- 생명보험, 상해보험, 손해보험 : 소득세는 없으나 상속세나 증여세가 과세될 수 있다.
- 장애인 전용보험 : 앞과 같다.*

\* 단, 장애인이 받은 보험금은 연간 4,000만 원까지 증여세가 발생하지 않는다. 6장의 절세 탐구를 참조하기 바란다.

- 연금저축보험(퇴직연금 포함) : 연금소득에 대한 과세문제가 발생하며, 간혹 상속세나 증여세의 문제도 발생할 수 있다.

▶ 직장인이 연금저축보험이나 퇴직연금에 가입한 후 중도해지 시에는 기타소득이나 퇴직소득 등이 발생할 수 있으므로 이 부분에 대해 특히 주의해야 한다. 뒤의 해당 부분에서 살펴본다.

| 구분 | 내용 | 공제 여부 | |
|---|---|---|---|
| | | 근로자 | 사업자 |
| 소득공제 | ① 기본공제 | ○ | ○ |
| | ② 추가공제 | ○ | ○ |
| | ① 주택자금공제 | ○ | × |
| | ② 장기펀드소득공제 | ○ | × |
| | ③ 신용카드 공제 | ○ | × |
| | ④ 노란우산공제(600만 원 한도) | × | ○ |
| | ① 국민연금보험료 공제 | ○ | ○ |
| | ② 고용보험, 건강보험료 공제 | ○ | × |
| 세액공제 | ① 근로 세액공제(한도 74만 원 등) | ○ | × |
| | ② 자녀 세액공제(1명 : 25만 원, 2명 : 55만 원 등) | ○ | ○ |
| | ③ 특별세액공제 | ○ | × |
| |   – 보험료 : 한도 내 지출액의 12%(장애인보험은 15%) | | |
| |   – 의료비 : 한도 내 지출액의 15% | | * |
| |   – 교육비 : 한도 내 지출액의 15% | | * |
| |   – 기부금 : 한도 내 지출액의 15%(1,000만 원 초과 시 그 초과분은 30%) | | (필요경비) |
| | ④ 월세 세액공제 : 한도 내 지출액의 15~17% | ○ | × |
| | ⑤ 연금계좌 세액공제 : 한도 내 지출액의 12~15% | ○ | ○ |

\* 성실신고사업자는 의료비 및 교육비 세액공제를 받을 수 있다. 한편, 사업자는 기부금에 대해서는 필요경비로만 처리할 수 있다(기부금 세액공제 적용불가).

# 근로자의 보장성보험과
# 세액공제

실무에서 근로자의 보장성보험에 대한 세액공제 적용법이 매우 까다롭게 느껴지는 경우가 많다. 물론 연말정산 시 이에 대한 세액공제 적용 여부는 국세청 홈택스상에서 자동으로 알려주므로 이에 대해서는 별도로 판단하는 과정을 거치지 않아도 된다. 따라서 다음의 내용은 가입 전에 한 번이라도 봐두면 좋을 것으로 보인다. 가입자명을 누구로 할 것인지에 따라 세액공제의 대상이 되는지, 안 되는지가 결정되기 때문이다.

## 1. 보장성보험 세액공제의 요건

보장성보험 세액공제는 근로자가 적용받을 수 있는 제도에 해당한다. 이에 대해서는 소득법 제59조의4 제1항에서 다음과 같이 정하고 있다.

① 근로소득이 있는 거주자(일용근로자는 제외한다)가 해당 과세기간에 만기에 환급되는 금액이 납입보험료를 초과하지 아니하는 보험의 보험 계약에 따라 지급하는 다음 각호의 보험료를 지급한 경우 그 금액의 100분의 12(제1호의 경우에는 100분의 15)에 해당하는 금액을 해당 과세기간의 종합소득산출세액에서 공제한다. 다만, 다음 각호의 보험료별로 그 합계액이 각각 연 100만 원을 초과하는 경우 그 초과하는 금액은 각각 없는 것으로 한다.

1. 기본공제대상자 중 장애인을 피보험자 또는 수익자로 하는 장애인 전용보험으로서 대통령령으로 정하는 장애인 전용 보장성보험
2. 기본공제대상자를 피보험자로 하는 대통령령으로 정하는 보험*료(제1호에 따른 장애인 전용 보장성보험료는 제외한다)

\* 생명보험, 상해보험, 손해보험 등을 말한다.

### ※ 보장성보험의 세액공제요건

| 구분 | 공제요건 |
|---|---|
| 근로자 본인 | 무조건 100만 원 한도에서 공제함. |
| 배우자 | 소득금액*이 100만 원 이하인 배우자를 피보험자(계약자가 아내, 남편 모두 가능)로 하는 보험료 |
| 자녀 | 소득금액이 100만 원 이하이고, 만 20세 이하인 기본공제대상인 자녀를 피보험자로 하는 보험료 |
| 부모 (처부모·조부모 포함) | 소득금액이 100만 원 이하이고, 나이 요건에도 해당되는 기본공제 대상자인 부모(따로 사는 부모 포함)를 피보험자로 하는 보험료 |
| 형제자매·처남·처제· 시동생 | 소득금액이 100만 원 이하이고, 나이 요건에도 해당되면서, 주민등록표 상 주소에 같이 살고 있거나, 같이 살다가 취학, 질병의 요양, 근무·사업상 형편으로 일시적으로 별거하고 있는 경우에 공제 가능 |

\* 소득금액 : 수입금액에서 경비를 차감한 금액을 말한다. 근로소득의 경우 총급여액에서 근로소득공제액을 차감한 금액을 의미한다.

참고로 회사에서 근로자를 위해 대신 내준 보장성보험료 상당액을 근로자의 급여액에 가산해서 과세한다면 보험료 세액공제를 적용받을 수 있다. 다만, 근로소득에서 제외되는 단체 순수보장성보험료 등은 과

세되는 급여에 포함되지 않기 때문에 보험료 세액공제를 받을 수 없다.

## 2. 적용 사례

K 씨와 그의 배우자는 현재 직장인으로 다음과 같이 보장성보험에 가입했다.

자료

| 구분 | 계약자 등 | 연간 납입액 | 비고 |
|------|-----------|-------------|------|
| ① 종신보험 | 계약자 : K 씨 | 200만 원 | 근로소득자 |
| ② 정기보험 | 계약자 : K 씨 배우자 | 120만 원 | 근로소득자 |
| ③ 정기보험 | 계약자 : K 씨의 자녀1 | 200만 원 | 장애인 |
| ④ 자동차보험 | 피보험자 : K 씨의 자녀2 | 100만 원 | 학생 |

**Q1.** 이 경우 총 세액공제대상은 얼마인가?

총 300만 원이다.

• K 씨→근로소득자로서 100만 원을 한도로 공제한다.

• K 씨의 배우자→근로소득자로서 100만 원을 한도로 공제한다.

• K 씨의 자녀1→장애인의 경우 위와 별도로 100만 원을 한도로 공제한다.

**Q2.** 만일 ②의 정기보험에 대한 계약자명을 K 씨로 하면 공제액은 얼마나 되는가?

이 경우에는 총 200만 원이 된다. 이처럼 누가 계약자인지에 따라 세액공제의 내용이 달라짐에 유의해야 한다.

**Q3.** 사례의 경우 세액공제액은 얼마인가?

| 구분 | 공제액 | 공제율 | 공제액 | 비고 |
|---|---|---|---|---|
| ① 종신보험 | 100만 원 | 12% | 12만 원 | 지방소득세 별도 |
| ② 정기보험 | 100만 원 | 12% | 12만 원 | |
| ③ 정기보험 | 100만 원 | 15% | 15만 원 | 장애인 전용보험 |
| ④ 자동차보험 | – | – | – | 한도 초과로 공제대상이 아님. |

---

**Tip**  **보장성보험료 등의 세액공제 여부**(소득세 집행기준 59의 4-118의 4-1)

① 공제대상 보장성보험료를 사용자가 지급해주는 경우 동 보험료 상당액은 그 근로자의 급여액에 가산한 보험료를 세액공제한다.

② 보장성보험에 대한 보험료 세액공제는 근로자 본인 또는 소득이 없는 가족 명의로 계약하고 피보험자가 기본공제대상자(근로자 본인, 공제대상 배우자, 공제대상 부양가족)인 보험으로서 근로자가 실제로 납입한 금액을 세액공제한다.

③ 맞벌이 부부인 근로자 본인(남편)이 계약자이고 피보험자가 부부공동인 보장성보험의 보험료는 근로자(남편)의 연말정산 시 보험료 세액공제 대상에 해당한다.

④ 근로자 본인과 배우자가 모두 근로소득이 있어 서로 공제대상 배우자가 아닌 경우 근로자 본인이 계약자이고 피보험자인 보장성보험에 대한 보험료는 근로자 본인만이 보험료 세액공제를 받을 수 있으나, 계약자가 근로자 본인이고 피보험자가 배우자면 본인과 배우자 모두 보험료에 대한 세액공제를 받을 수 없다.

⑤ 계약자가 나이 또는 소득금액의 요건을 충족하지 않아 해당 근로자의 기본공제대상자에 해당하지 않을 때는 해당 근로자가 보험료 세액공제를 받을 수 없다.

⑥ 재외국민 또는 외국인이 국내에 근무하는 동안 외국보험회사에 납부한 보험료는 세액공제대상 보험료에 해당하지 않는다.

⑦ 근로자가 근로 제공 기간에 납부한 국민건강보험료(지역가입자 포함)는 연말정산 시 보험료 세액공제대상에 포함되는 것이나, 근로 제공 기간 외의 기간에 납부한 국민건강보험료는 세액공제대상에 포함되지 않는다.

# 보장성보험금 수령과
# 과세체계

　근로자가 가입한 보장성보험에 따라 보험금을 수령한 경우에는 소득세는 발생하지 않고 계약의 형태에 따라 상속세와 증여세가 과세된다. 이에 대해서는 3장에서 살펴보았으므로 다음에서는 핵심만 정리하기로 한다.

## 1. 직장인의 보장성보험금과 세금

　직장인이 보장성보험에 가입한 후에 보험금을 수령할 때 과세는 다음과 같다.

　첫째, 소득세는 과세되지 않는다.
　둘째, 계약자와 수익자가 다른 경우에는 상속세와 증여세가 발생할 수 있다.

① 상속세가 과세되는 경우

| 계약자 | 피보험자 | 수익자 |
|--------|----------|--------|
| 부모 | 부모 | 자녀 |

부모가 계약자와 피보험자인 상태에서 부모가 사망해 자녀가 보험금을 수령하면 이 보험금은 부모의 상속재산에 해당한다. 따라서 이에 대해 상속세가 나올 수 있다.

② 증여세가 과세되는 경우

| 계약자 | 피보험자 | 수익자 |
|--------|----------|--------|
| 부 | 모 | 자녀 |

부가 계약자인 상태에서 모가 사망해 자녀가 보험금을 수령하면 이 보험금은 부로부터 증여받은 것으로 본다.

▶ 만일 계약자와 수익자를 자녀로 하면 상속세와 증여세 문제를 모두 비켜갈 수 있다.

## 2. 적용 사례

직장인 K 씨는 다음과 같은 보험상품에 가입했다.

> **자료**
> • 만기 : 20년
> • 상품명 : 만기에 환급이 되는 보장성보험
> • 계약자·피보험자·수익자 : K 씨

**Q1.** 이 보험의 보유 중에 보험사고가 발생해서 보험금 1억 원을 받았다. 이 경우 세법상 어떤 문제가 있는가?

보험사고가 발생했으므로 이 경우 보험금을 받음으로써 계약이 소멸한다. 그런데 이때 받은 보험금은 우연한 사고에 기인해서 발생한 것이므로 소득법상 소득의 종류(이자소득, 연금소득 등)에 해당하지 않는다. 따라서 소득세는 부과되지 않는다. 한편 증여세 문제는 없으나, 상속세 문제는 있다. 해당 보험금은 K 씨의 상속재산에 해당하기 때문이다.

**Q2.** 이 보험의 수익자를 K 씨의 자녀로 변경하는 경우 세무상 어떤 문제가 있을까? 앞의 Q1과 독립적이다.

보험료를 납입한 K 씨와 보험금을 수령한 사람이 다른 경우에는 상속세나 증여세의 과세문제가 발생한다. 보험상품을 통해 부의 무상이전이 일어났기 때문이다.

**Q3.** Q2에서 해당 보험을 중도에 해지해서 K 씨의 자녀가 해지 환급금을 받았다. 이 경우 K 씨의 자녀에게 증여세가 과세되는가?

그렇다. 다만, 증여세 과세대상은 K 씨가 납입한 것에 의해 발생한 해지 환급금이다.

**Q4.** Q3에서 증여세로 과세된 해지 환급금은 상속세 과세대상이 되는가?

그럴 수 있다. 현행 상증법은 상속개시일로부터 소급하여 10년(상속인 외의 자는 5년) 이내의 사전증여재산에 대해서는 상속재산가액에 합산하도록 하고 있기 때문이다.

# 직장인의 연금계좌 세액공제와
# 소득세 과세방법

직장인이 노후를 위해 연금저축보험이나 퇴직연금에 가입한 경우가 많다. 정부에서는 개인들이 노후대비를 스스로 할 수 있도록 세액공제 한도를 늘리는 등의 조치를 취해왔는데 다음에서 이에 대해 정리해보자.

## 1. 연금계좌 세액공제

직장인이 연금계좌*에 연금을 납입한 경우에는 다음과 같이 세액공제를 적용한다.

\* 연금저축계좌와 퇴직연금계좌 둘을 묶어 연금계좌라고 한다.

| 구분 | 세액공제 한도 | 비고 |
|---|---|---|
| ① 연금저축계좌만 있는 경우 | 연간 600만 원 | |
| ② 퇴직연금계좌만 있는 경우 | 연간 900만 원 | |
| ③ 앞의 두 계좌가 있는 경우 | 연간 900만 원 | 이 경우 연금저축 한도는 600만 원을 적용함. |

참고로 앞의 퇴직연금계좌는 회사 납입분과 개인 납입분으로 구분되는데 후자에 대해서만 세액공제가 적용된다.

- 회사 납입분 : 회사가 근로자를 위해 퇴직연금을 납입하는 금액은 근로자에게 과세되지 않고 세액공제 대상도 아니다. 이 금액은 회사의 비용으로 처리된다.
- 개인 납입분 : 반면, 근로자가 개인적으로 추가로 납입한 퇴직연금액은 세액공제를 받을 수 있다. 이 경우 연간 900만 원 한도 내에서 세액공제가 가능하며, 연금저축계좌와 합산해서 한도를 계산한다.

## 2. 적용 사례

**1** 직장인 K 씨는 다음과 같은 연금상품에 가입하고 있다.

【자료】

| 구분 | 내용 | 비고 |
|---|---|---|
| ① 국민연금 | 월 20만 원 납입 | 본인 부담분 |
| ② 퇴직연금 | 연간 500만 원 납입 | 개인이 직접 납입 |
| ③ 연금저축 | 월 30만 원 납입 | 은행에서 운영 중 |

**Q1.** 앞의 ①~③의 연금상품에 대해 어떤 세제 혜택을 받을 수 있는가? 세법은 이에 대해 소득공제와 세액공제 혜택을 주고 있다.

| 구분 | 납입내용 | 공제내용 | 공제 한도 |
|---|---|---|---|
| ① 국민연금 | 월 20만 원 납입 | 소득공제 | 없음. |
| ② 퇴직연금 | 연간 500만 원 납입 | 세액공제(12~15%) | 연간 900만 원* 한도 |
| ③ 연금저축 | 월 30만 원 납입 | 세액공제(12~15%) | 연간 600만 원 한도 |

* 연금저축은 600만 원, 개인형 퇴직연금(IRP)에 추가 납입하면 연금저축과 합해서 900만 원이 한도가 된다. 참고로 회사에서 지급하는 퇴직연금에 대해서는 비용처리가 될 뿐 개인은 세액공제를 받을 수 없다. 즉, 개인이 본인의 퇴직연금계좌에 추가로 직접 납입한 것만 세액공제가 적용된다.

참고로 소득공제는 소득공제액에 6~45%의 세율을 곱한 만큼, 세액공제는 공제금액에 12% 등의 세액공제율을 곱한 만큼 세금이 줄어든다.

**Q2.** K 씨의 세액공제율은 어떻게 되는가?

연금계좌에 대한 세액공제율은 12%와 15% 둘로 적용되는데 이의 구분기준은 다음과 같다.

| 구분 | 12% | 15% |
|---|---|---|
| 근로소득자 | 연봉 5,500만 원 초과 | 연봉 5,500만 원 이하 |
| 사업자 등 | 종합소득금액* 4,500만 원 초과 | 종합소득금액 4,500만 원 이하 |

* 수입에서 필요경비를 차감한 금액을 말한다.

따라서 K 씨의 연봉에 따라 적용되는 공제율이 다르다.

**Q3.** 향후 K 씨가 연금을 수령한 경우 어떤 세금을 낼까?

국민연금소득은 소득법상 종합소득의 일부에 해당한다. 따라서 원칙적으로 다른 종합소득과 합산해서 6~45%로 종합과세가 된다. 다만, 민간금융회사로부터 받은 연금(분리과세소득은 제외)은 그 종액이 연간 1,500만 원에 미달하면 원천징수세액(3~5%)을 납부하는 것으로 대부분 납세의무가 소멸된다. 이를 초과한 경우에는 15%의 분리과세와 종합과세 중 하나를 선택할 수 있다.

**Q4.** 만일 K 씨가 앞의 ②의 퇴직연금을 연금 외의 형태인 일시금으로 받으면 어떤 세금을 낼까?

중도에 일시금을 받으면 더 이상 소득법상 연금소득이 아니므로 세법은 이를 퇴직소득, 기타소득 등으로 분류해서 과세한다. 이를 앞의 사례에 맞게 좀 더 자세히 정리하면 다음과 같다.

| 구분 | 일시금 수령 시 소득 구분 | 비고 |
| --- | --- | --- |
| ① 국민연금 | 퇴직소득 | 퇴직소득세로 분류 과세함. |
| ② 퇴직연금 | 기타소득 | 15%(16.5%) 분리과세로 종결함.* |
| ③ 연금저축 | 기타소득 | 15%(16.5%) 분리과세로 종결함.* |

* 단, 부득이한 사유에 해당 시는 3~5%로 분리과세한다. 잠시 뒤에 살펴본다.

따라서 사례의 경우 기타소득세로 분리과세될 것으로 보인다.

▶ 연금소득은 매년 일정액을 지속해서 받는 소득을 말하는데, 연금소득이 일시금으로 바뀌면 다른 소득으로 분류해서 과세하는 것이 타당하다. 연금소득은 다른 소득에 비해 우대하는데 일시금에 대해서는 우대할 필요가 없기 때문이다.

**❷** 서울에서 거주하고 있는 K 씨는 2025년도에 다음과 같이 연금을 받았다.

자료

| 구분 | 연간 수령금액(세전) | 비고 |
| --- | --- | --- |
| ① 국민연금 | 2,000만 원 | |
| ② 연금저축 | 2,000만 원 | 세액공제를 받음. |
| ③ 퇴직연금 | 2,000만 원 | 세액공제를 받음. |

**Q1.** 연금수령액에 대한 일반적인 과세방식은 어떻게 되는가?

국민연금과 공무원연금 등 공적연금*은 무조건 다른 소득과 합산해서 6~45%로 종합과세를 적용한다. 하지만 분리과세연금소득을 제외한 사적연금은 연간 연금 발생액(세금을 공제하기 전의 금액)이 1,500만 원을 초과하면 선택적 분리과세(15%), 그 이하는 원칙적 분리과세로 납세의무가 종결된다.

* 국민연금 등 공적연금은 이를 지급하는 기관이 매년 1월 중에 연말정산을 하게 된다. 이후 다른 소득이 있다면, 다음 해 5월 중에 본인이 직접 종합소득세 신고를 해야 한다. 다만, 다른 소득이 없는 경우에는 연말정산으로 납세의무가 종결된다.

**Q2.** 앞 사례의 각 항목의 연금수령액에 대한 과세방식은?

① 국민연금은 공적연금에 속하므로 다른 소득이 있는 경우에는 무조건 종합과세가 적용되며, ②와 ③의 사적연금은 연금수령액이 1,500만 원을 초과하므로 선택적 분리과세가 적용된다. 구체적인 계산 방법은 생략한다.

**Q3.** 앞 사례의 연금을 수령할 때 원천징수된 세액은 어떻게 계산하는가?

① 국민연금은 정부에서 마련한 간이세액조견표에 의해 국민연금관리공단이 지급 시 원천징수를 하고, ② 연금저축과 ③ 퇴직연금은 금융회사가 이를 지급 시 3~5%의 세율로 원천징수를 한다. 참고로 공적연금소득과 사적연금소득(퇴직연금 포함)에 대한 과세체계는 81페이지 이후에서 다루고 있다.

# 연금계좌 해지와
# 과세체계

세액공제를 받은 연금저축과 퇴직연금(IRP계좌 납입분)을 중도에 해지해서 일시금으로 받으면 손해를 볼 수 있다. 왜냐하면, 세액공제를 받은 원금과 운용수익에 대해 기타소득세(15%)와 지방소득세(1.5%)를 원천징수하기 때문이다. 다음에서 이에 대해 알아보자.

## 1. 연금계좌 해지와 세무상 쟁점

연금을 정상적으로 수령한 경우와 중도해지 시의 세무상 쟁점을 요약해보자. 자세한 것은 사례 등을 통해 확인해보자.

• 매년 정상적인 연금수령 시에는 연금소득으로 과세한다.
• 중도해지에 따라 연금외수령 시에는 퇴직소득, 기타소득으로 과세한다.*

* 근로자가 퇴직금을 연금계좌로 이체한 경우 퇴직소득세 납부가 이연되며, 향후 연금으로 수령 시에는 연금소득으로 보아 당초 퇴직소득세의 60~70%만 원천징수하고, 일시금 등 연금 외의 형태로 받으면 퇴직소득으로 보아 당초 내야 할 퇴직소득세를 전액 원천징수한다. 한편 연금계좌(연금저축과 퇴직연금)에 대해 세액공제 혜택을 받으면 55세 이후 연금으로 이를 수령하는 것이 세금 부담을 줄이는 지름길이 된다. 만약 연금이 아닌 일시금 등의 형태로 이를 받으면 기타소득(15%)으로 과세되어 세금이 증가하게 된다. 따라서 연금계좌 해지 시에는 사전에 이러한 문제를 검토하는 것이 좋을 것으로 보인다.

## 2. 적용 사례

직장인 K 씨는 다음과 같은 연금상품에 가입하고 있다.

**자료**

| 구분 | 내용 | 비고 |
|---|---|---|
| ① 연금저축 | 연간 200만 원 납입 | 누적 원리금 : 2,500만 원 |
| ② 퇴직연금(직접 납입) | 연간 300만 원 납입 | 누적 원리금 : 4,000만 원 |

**Q1.** 앞의 연금상품에 대해 K 씨는 세제 혜택을 받았다. 구체적인 금액은 얼마일까? 단, 세액공제율은 15%(지방소득세 포함 시는 16.5%)라고 하자.

| 구분 | 내용 | 세액공제액 |
|---|---|---|
| ① 연금저축 | 연간 200만 원 납입 | 33만 원(200만 원×16.5%) |
| ② 퇴직연금(직접 납입) | 연간 300만 원 납입 | 495,000원(300만 원×16.5%) |

**Q2.** ①의 연금저축을 중도에 해지하면 과세방식은 어떻게 될까?

세액공제를 받은 개인연금저축을 중도에 해지해서 원리금을 받으면 이는 기타소득에 해당하며, 15%의 높은 세율로 분리과세가 된다. 하지만 중도해지 사유가 부득이한 상황(사망, 의료목적, 천재지변 등)에 해당하는 경우에는 이에 대한 소득은 연금소득으로 보아 3~5%의 저렴한 세율로 분리과세를 적용한다. 이를 요약하면 다음과 같다.

| 구분 | 원칙 | 예외 |
|------|------|------|
| 사유 | 일반적인 중도해지 | 부득이한 사유(의료목적, 천재지변, 가입자 사망, 해외이주 등)로 중도해지 |
| 소득분류 | 기타소득 | 연금소득 |
| 원천징수세율 | 15% | 3~5% |
| 과세방식 | 무조건 분리과세 | 무조건 분리과세 |

▶ 이처럼 세액공제를 받은 후 연금저축을 해지하는 경우에는 기타소득으로 과세해서 불이익을 극대화하나, 해지 사유가 부득이한 경우에는 세 부담을 약하게 하고 있다.

**Q3.** 이 소득은 다른 소득에 합산되어 종합과세가 적용되는가?

아니다. 연금저축의 중도해지에 따른 기타소득과 연금소득에 대해서는 원천징수로 납세의무를 종결하도록 하고 있기 때문이다(무조건 분리과세).

▶ 2014. 12. 23.에 개정된 소득법 제14조 제3항 제8호에 따라 2015. 1. 1. 이후 해지분부터 연금저축계좌 해지 시 소득법 제129조에 따라 15%의 세율로 기타소득세와 지방소득세 합계 16.5%를 원천징수하고 납세의무가 종결되는 것이므로, 2015. 1. 1. 이후 해지 시에는 기타소득 금액이 300만 원을 초과하더라도 종합소득세 신고를 하지 않는다.

**Q4.** ① 연금저축을 중도에 해지 시 원천징수액은 얼마인가? 단, 원금을 포함한 운용수익의 합계액은 2,500만 원이다.

중도해지 시 받은 원리금에 대해 16.5%로 원천징수를 해야 하므로 이 경우에는 4,125,000원(2,500만 원×16.5%)이 원천징수된다.

**Q5.** ① 연금저축은 중도해지하지 않는 것이 더 유리한가?

그렇다. 연금저축의 경우 세액공제를 받았다면 수령한 원리금의 16.5%만큼 세금을 내야 하므로 손해가 발생할 가능성이 크다.

**Q6.** ②의 퇴직연금을 중도에 일시금으로 받으면 과세방식은 어떻게 될까?

세액공제를 받은 퇴직연금을 연금 외로 받으면 기타소득으로 봐서 과세하는 것이 원칙이다. 퇴직금 원금을 일시에 받으면 퇴직소득으로 보아 분류 과세된다.

▶ 퇴직금을 일시금이 아닌 IRP 계좌로 이전한 후 여기에서 연금과 일시금 등 연금 외의 형태로 수령할 수 있다. 이때 이전 시에는 퇴직소득세가 발생하지 않지만, IRP 계좌로 이체한 후에 연금과 연금 외의 형태로 인출하면 이에 대해 세금이 나온다. 이때 연금으로 받으면 이연된 퇴직소득세의 60~70%로, 연금 외의 형태로 받으면 이연된 퇴직소득세 전액을 과세한다.

---

**🧩 돌발 퀴즈**

중도해지하지 않고 이를 해결할 방법들에는 어떤 것들이 있는가?
납부중지, 납입유예, 담보대출, 중도인출 등을 활용하도록 한다. 자세한 내용은 해당 금융회사를 통해 문의하기 바란다.

제**5**장

542

개인사업자 :
본인과 사업장의
보험 절세법을 구분하라!

# 개인사업자들의 보험과
# 과세체계

개인사업자가 사업과 관련된 보험에 가입한 경우 이의 보험료는 대부분 경비로 처리할 수 있다. 한편, 사업자가 개인적으로 지출한 보장성보험료에 대해서는 별다른 혜택이 없지만, 연금저축보험에 대해서는 직장인처럼 세액공제 혜택이 있다. 다음에서는 개인사업자의 보험에 대한 과세체계를 정리해보자.

## 1. 직장인과 개인사업자의 보험에 대한 과세체계 비교

| 구분 | 직장인 | 개인사업자 |
|------|--------|-----------|
| 보장성보험 | 세액공제 적용 | ·개인용 : 세액공제 적용×<br>·종업원용 : 비용처리 가능함. |
| 저축성보험 | 이자소득 과세 또는 비과세 | 좌동 |
| 연금저축보험 | 세액공제 적용 및 연금소득 과세 | 좌동 |

사업자가 종업원을 위한 보장성보험*에 가입한 경우 해당 보험료는 사업자의 비용으로 처리한다.

* 단체 보장성보험이 대표적인 보험에 해당한다.

## 2. 적용 사례

K 사업자는 다음과 같이 보험료를 지출했다.

> **자료**
>
> • 단체 보장성보험 : 종업원 1인당 20만 원
> • 종신보험 : 본인을 위한 보험
> • 자동차보험 : 업무용 승용차에 대한 보험
> • 연금저축보험 : 세액공제를 받을 수 있는 보험
> • 퇴직연금 : 종업원에게 지급하는 퇴직연금(DC형)*

* DC형 연금(Defined Contribution, 확정기여형)은 퇴직연금 제도의 한 유형으로, 사용자(회사)가 근로자의 퇴직금을 매년 일정 금액(보통 근로자의 연간 임금의 1/12)을 퇴직연금 계좌에 납입하고, 그 금액을 근로자가 직접 운용하는 방식이다.

**Q1.** 단체 보장성보험은 모두 소멸성보험에 해당한다. 이 경우 전액 사업자의 경비로 처리되는가?

그렇다.

**Q2.** 본인을 위한 종신보험에 대해서는 세액공제가 적용되지 않는가?

그렇다.

**Q3.** 자동차 보험료는 사업자의 경비로 처리되는가?

그렇다. 다만, 최근 업무용 승용차의 운행비에 대한 규제가 도입되었으므로 이 부분은 별도로 정리해야 한다.*

* 저자의 다른 책들을 참조하기 바란다.

**Q4.** 연금저축보험에 대해서는 K 씨도 세액공제를 받을 수 있는가?

그렇다. 앞의 직장인처럼 세액공제를 받을 수 있다.

**Q5.** 사업자가 지출한 퇴직연금보험료는 비용처리가 되는가?

DC형 퇴직연금은 바로 비용처리를 할 수 있다. 챗GPT를 통해 다양하고 상세한 답변을 참조하기 바란다.

| **T⫯p** | **사업자가 받을 수 있는 소득공제와 세액공제** |
| --- | --- |

| 구분 | 내용 |
| --- | --- |
| 소득공제 | 국민연금, 노란우산공제,* 벤처투자소득공제 등 |
| 세액공제 | 연금저축보험 등 |

* 소상공인과 중소기업 대표자들이 폐업, 노후, 상속 등의 위험에 대비해 자금을 적립하는 대표적인 공제제도에 해당한다. 매월 일정 금액을 적립하고, 해당 금액에 대해 소득공제 혜택을 받을 수 있다. 폐업 시에는 적립금과 이자를 받으며, 중도해지 시에도 일부 금액을 돌려받을 수 있다. 또한, 공제금은 법적으로 압류할 수 없어 안정적인 자산 보호가 가능하다. 공제금액은 최대 600만 원(2025년)이다.

# 사업자의 보험료와
# 절세효과

개인사업자가 각종 지출하는 비용은 모두 수입에서 차감된다. 물론 업무 관련성이 있어야 한다. 다음에서 사업소득세를 계산하는 구조를 잠깐 살펴보고 사업자의 보험료에 대한 절세효과 등에 대해 살펴보자.

## 1. 사업소득세 계산구조

일반적으로 사업자들의 소득세는 다음처럼 매출액에서 매출원가 그리고 판매비와 관리비 등을 순차로 차감해서 계산한 당기순이익을 기반으로 이를 산출한다.

매출액(부가세를 제외한 순 매출, 세무서 신고기준)

－매출원가와 판매비와 관리비

＝영업이익

±영업외수익·영업외비용

＝당기순이익

－소득공제

＝과세표준

×세율(6~45%)

＝산출세액

## 2. 적용 사례

K 씨는 개인사업자인데 그의 올해 당기순이익은 1억 원이고 소득공제액이 2,000만 원이므로 다음과 같이 산출세액이 나온다. 만일, 이 상태에서 K 씨가 경비 1,000만 원을 추가한다면 절세효과는 얼마나 기대할 수 있는가?

> **자료**
> • 과세표준 : 8,000만 원(＝1억 원-2,000만 원)
> • 적용세율 : 24%(누진공제 576만 원)
> • 산출세액 : 1,344만 원[8,000만 원×24%-576만 원(누진공제)]

경비 1,000만 원을 추가하면 과세표준이 1,000만 원 줄어든다. 줄어든 1,000만 원은 24%의 세율이 적용되는 구간이므로 다음과 같은 절세효과를 기대할 수 있다.

• 절세효과 : 1,000만 원×24%＝240만 원(지방소득세 포함 시 264만 원)

보험은 사업적인 측면에서도 가입되고 있다. 대표적으로 건물이나 기계장치 등에 대한 화재보험이 있고 종업원 등을 위한 상해보험 등도 있다. 이러한 보험료에 대한 지출은 사업과 관련성이 있다면 원칙적으로 모두 비용으로 처리된다. 따라서 보험료가 궁극적으로 이익을 축소하므로 절세효과가 발생한다. 절세효과는 사업자의 형태에 따라 달라진다. 다음을 참조하기 바란다.

• 개인사업자 : 6~45%
• 법인사업자 : 9~24%
• 성실 신고 법인사업자 : 19~24%(2025년 기준)

# 종업원을 위한
# 단체 보장성보험

기업들이 가입하는 보험 중 종업원을 대상으로 하는 보장성보험에 관한 내용을 정리해보자. 이러한 보험은 대부분 경비처리가 되지만, 때에 따라서는 종업원의 근로소득에 합산되는 때도 있으므로 이를 구별히는 정도로만 이해하면 된다.

## 1. 단체 보장성보험과 세무상 쟁점

사업을 위해 들어간 보험료에 대해 모두 경비로 인정받을 수 있는지 상황별로 살펴보자.

① 기계장치나 사업장 화재대비 및 법률문제를 예방하기 위해 보험에 가입한 경우→당연히 회사의 경비로 처리된다.
② 종업원을 위한 보장성보험에 가입한 경우→종업원의 사망·상해 또는 질병을 보험금의 지급 사유로 하고 종업원을 피보험자와 수익자(종업원의 가족 포함)로 하는 보험의 보험료도 전액 경비로 인정받는다. 다만, 단체 순수보장성보험 등에 가입할 경우 연간 70만 원 이내의 금액

에 대해서는 근로소득에서 제외되나, 그 초과하는 금액에 대해서는 근로소득으로 과세되고 있다.

③ 종업원이 수익자인 종신보험에 가입한 경우 : 이때 종신보험료는 종업원의 근로소득으로 처리하고 사업상 경비로 인정한다. 다만, 이러한 보험 가입은 현실적으로 잘 일어나지 않는다.

④ 사업주를 위해 저축성보험에 가입한 경우 : 납입보험료는 전액 비용으로 인정받지 못한다. 그리고 보험금을 받더라도 이는 사업수익이 아니다. 이는 전적으로 사업과 무관한 지출 또는 수익에 해당하기 때문이다. 개인사업자는 법인과 달리 사업자 본인을 위해 개인이 지출한 것은 사업과 무관한 것으로 본다.

## 2. 적용 사례

K 기업은 개인사업 형태로 운영되고 있다. 최근 핵심종업원의 이탈을 방지하기 위해 1인당 연간 100만 원 정도 되는 보장성보험에 단체로 가입했다. 그런 후 특정 종업원이 상해를 당해서 보험금 1,000만 원을 수령해 그 종업원에게 지급했다. 가입 시점부터 보험금 지급까지의 회사와 종업원의 세무문제를 나열해보면?

앞의 물음에 따라 이에 대한 답을 찾아보면 다음과 같다. 단, 보험금 수령 시와 이의 지급에 대한 회계처리는 하지 않기로 한다.

| 구분 | 회사 | 종업원 |
|---|---|---|
| ① 보험료 납입 시 | 전액 비용처리 | 보험료 납입액 100만 원에서 70만 원을 초과한 30만 원에 대해서는 근로소득세 과세 |
| ② 보험금 수령 시 | - | - |
| ③ 보험금 지급 시 | - | -(비과세) |

개인회사가 종업원을 위해 보험에 가입한 경우에는 통상적으로 비용처리만 하고 그 이후에 일어나는 사건들에 대해서는 회계처리를 하지 않는 경우가 많다. 회계처리를 하나 안 하나 세금에 미치는 영향은 동일하기 때문이다. 참고로 종업원이 업무와 관련되어 수령하는 보험금은 근로소득세와 상속세가 비과세되는 것이 원칙이다.

# 종업원의 퇴직연금과
# 비용처리법

종업원에 대한 퇴직금제도는 근로자퇴직급여 보장법에서 정하고 있다. 이 법에서는 사업자의 경우 계속근로기간 1년에 대해 30일분 이상의 평균임금을 의무적으로 지급하도록 하고 있다(4인 이하 사업장도 지급해야 함). 한편, 퇴직금을 지급하는 방법에는 크게 ① 퇴직 시에 퇴직금을 일시금으로 지급하는 방법과 ② 매년 퇴직연금을 납입하는 방법이 있다. 다음에서 퇴직연금제도에 대해 알아보자.

## 1. 퇴직연금과 세무상 쟁점

퇴직연금의 가입부터 연금수령 시까지의 세무상 쟁점들을 정리하면 다음과 같다.

### 1) 가입
- DB형(확정급여형)* 또는 DC형(확정기여형)* 중 하나를 선택해서 가입한다.
- 퇴사한 경우에는 일시금을 받거나 이를 개인형 퇴직연금계좌(IRP)로 이전할 수 있다.

\* 이에 대한 개념은 뒤에서 살펴본다.

### 2) 연금수령
- 퇴직연금을 지급한 경우에는 3~5%의 세율로 원천징수해야 한다.
- 수령한 연금에 대해서는 원칙적으로 종합소득세 신고의무가 있다.\*

\* 단, 분리과세나 선택적 분리과세를 선택하면 신고의무가 없다.

### 3) 중도해지
- 퇴직금을 일시금으로 받으면 퇴직소득으로 분류된다.
- 퇴직소득에 대해서는 퇴직소득세로 분류과세된다.

## 2. 적용 사례

직장인 K 씨는 회사의 방침에 따라 퇴직연금에 가입하고자 한다.

> **자료**
> - 연봉 : 5,000만 원
> - 연간 퇴직연금 납입액 : 300만 원
> - 퇴직연금 형태 : DC형

**Q1.** K 씨가 가입하는 DC형은 무엇을 의미하는가?

DC형 퇴직연금은 근로자 본인의 책임하에 운용되는 퇴직연금 유형을 말한다. 만일 이를 운용한 결과 손실이 발생하더라도 회사는 책임지지 않는다.

**Q2.** DC형으로 납입하면 퇴직연금은 전액 비용처리가 가능한가?

당연하다.

**Q3.** K 씨는 작년도 연말정산 때 15%의 세율을 적용받았다. 이 퇴직연금에 가입한 경우 연말정산 시 얼마만큼의 세제 혜택을 기대할 수 있는가?

아니다. 회사에서 납입한 것은 세액공제의 혜택이 없다.

**Q4.** 향후 퇴직연금을 수령하는 경우 과세방식을 설명하면?

퇴직연금 가입 후에 연금을 수령하면 이 소득은 연금소득에 해당한다. 따라서 다음과 같은 절차로 세무처리가 된다.

| 절차 | 내용 |
|---|---|
| 납입 시 | · 세액공제를 받을 수 없음(개인이 납입한 것은 가능). |
| ▼ | |
| 수령 시 | · 은행 등에서 3~5%(퇴직금 원금은 퇴직소득세의 60~70%) 원천징수한 후의 연금이 입금됨. |
| ▼ | |
| 다음 해 5월 | · 공적연금은 무조건 종합과세<br>· 사적연금 중 1,500만 원 이하는 선택적 분리과세(3~5%), 초과분도 선택적 분리과세(15%) |

**Q5.** 만일 퇴직연금을 받지 않고 일시금을 받은 경우의 과세방식을 설명하면?

퇴직연금에 가입한 후 연금을 받지 않고 일시금을 받으면 이는 퇴직소득에 해당하므로 퇴직소득세로 내야 한다.

▶ 만일 퇴직에 따른 일시금 수령 후 일부 금액을 IRP 계좌로 60일 이내에 입금하면 앞의 퇴직소득세에 대한 과세이연이 가능하다. 다만, 향후 IRP 계좌에서 인출하면 이때 퇴직소득세(연금으로 수령 시는 30% 등 인하해서 과세, 일시금은 100% 과세)로 과세하게 된다. 따라서 퇴직금은 가급적 세법에서 제시하고 있는 연금형태로 수

령하는 것이 좋을 것으로 보인다. 참고로 IRP 계좌는 이직이나 퇴직 등으로 받은 퇴직금을 근로자 자신의 명의로 된 전용계좌에 적립해서 운영하는 방식의 계좌를 말한다.

| **Tip** | **퇴직금 지급방법과 비용처리법** | | | |
|---|---|---|---|---|
| **퇴직일시금 지급** | | **퇴직연금 지급** | | |
| 퇴직급여충당금 적립 시 | 퇴직금 지급 시 | 확정급여형(DB형) | 확정기여형(DC형) | |
| 퇴직급여충당금 (부채)으로 적립한 재원으로 지급하는 유형 | 실제 퇴직 시 지급하는 유형 | 퇴직급여 보장법에 따라 확정된 퇴직금을 지급하는 유형 | 연봉의 1/12 이상을 지급하는 유형 | |
| – | 실제 퇴직금 지급 시 100% 비용처리 | 연금납입 시 퇴직 연금납입액 100% 비용처리 | 연금납입 시 100% 비용처리 | |
| 세법상 폐지됨 (기업회계기준은 존속). | 실제 퇴직 시까지 비용처리를 할 수 없다는 단점이 있음. | 퇴직연금은 가입유형과는 별개로 지출금액 전액을 지출된 연도에 비용으로 처리할 수 있음. | | |

사내근로복지기금은 사업자(법인 포함)가 기금을 출연해서 근로자의 복지를 증진하는 제도이다. 이에 세법은 기금에 출연하는 금액에 대해서는 사업자의 필요경비로 인정한다. 또한 이를 통해 지원을 받은 근로자에 대해서는 과세에서 제외한다. 다음에서 사례를 통해 이에 대한 실익을 분석해보자.

---

**자료**

- 연간 순이익 : 10억 원
- 기금 출연 비율 : 5%(근로자복지기금법상의 한도=순이익의 5%)
- 출연금액 : 5,000만 원
- 세율 : 40%
- 직원 수 : 10명
- 기금 복지 비용 : 5,000만 원

---

**Q1.** 경비처리에 따른 세금 절감효과는?

출연금액인 5,000만 원의 40%인 2,000만 원이 된다.

**Q2.** 근로자는 근로소득세가 비과세되는가?

정관상 목적사업으로 기재된 것은 비과세가 된다. 특히 다음과 같은 항목이 비과세 대상이 된다.

- 주거 관련 지원 : 회사가 제공하는 임대료나 전세자금 지원 등 주거 관련 지원
- 의료비 지원 : 근로자의 치료비 및 건강 검진 비용 지원

- 교육비 지원 : 자녀학자금 지원
- 장학금 등 : 사내근로복지기금의 정관에 규정된 목적사업에 따라 지급되는 금액은 근로소득이 아님.

▶ 다만, 정관에서 정하고 있지 않은 금액의 지원이나 노동부에서 규정한 금액을 초과해서 지급되는 금액은 근로소득으로 과세된다. 또한 회사가 근로자에게 직접 지급할 자금을 사내근로복지기금 또는 노동조합에 지급한 후, 이들 기관에서 학자금을 지급하는 경우 해당 금액은 과세대상 근로소득으로 간주한다. 한편, 사내근로복지기금의 수혜 여부를 직급에 따라 차등적으로 정해서는 안 되는 것이 원칙이다(퇴직연금복지과-5502, 2020. 12. 1).

**Q3.** 기금을 운용하는 법인은 비영리법인에 해당한다. 이에 해당하면 어떤 의무가 따라다니는가?

장부작성 및 각종 보고의무가 뒤따른다. 따라서 이를 관리하기 위한 비용이 소요된다.

**Q4.** 기금운용이 불투명할 경우 어떤 문제가 발생할 수 있는가?

세무조사 등에 의해 소득세 추징 및 가산세가 부과될 가능성이 있다.

### ※ 세무조사 대책

- 장부작성의 중요성 : 기금의 출연 및 지출 내역을 투명하게 기록하고 관리하는 것이 필수적이다.
- 정관 및 운영 기준의 준수 : 기금의 운용은 정관에 명시된 목적에 따라 엄격히 운영되어야 하며, 법적 기준을 준수해야 한다.

**Q5.** 사례의 경우 법인설립의 타당성이 있는가?

사업자는 5,000만 원의 기금을 출연함으로써 2,000만 원의 세금 절감효과를 얻을 수 있다. 따라서 사업자의 순 부담액은 3,000만 원이 된다. 다만, 장부작성 등 관리비용이 증가할 수 있어 이로 인해 순 부담액이 다소 증가할 가능성이 있다. 한편, 근로자들의 사기가 진작되어 궁극적으로 사업장의 생산성 향상으로 이어질 가능성이 크다. 이러한 여러 요소를 고려할 때, 이 사례에서는 법인설립의 타당성이 있다고 할 수 있다.

## ※ 기금 법인설립 절차와 유의사항(근로자복지기금법)

| 단계 | 절차 | 내용 | 유의사항 |
|---|---|---|---|
| 1 | 기금 설립 계획 수립 | 기금의 목적, 운영 방식, 기여자와 수혜자 등을 포함한 설립 계획 수립 | 법률적 요건과 사업주의 목표를 명확히 설정해야 함. |
| 2 | 정관 작성 | 기금의 운용 원칙 및 규정을 담은 정관 작성 | 정관은 법적 기준을 충족해야 하며, 세무 조항 포함 |
| 3 | 기금운용 위원회 구성 | 기금운용을 위한 위원회 구성, 위원회 구성원 선정 | 위원회의 독립성과 투명성을 확보해야 함. |
| 4 | 출연금액 결정 | 사업자가 출연할 금액 및 출연 방식 결정 | 출연금액의 적절성을 고려해야 함. |
| 5 | 기금 등록 신청 | 관할 행정기관에 기금 등록 신청 (정관, 위원회 명단 등 제출) | 제출 서류를 정확하게 준비해야 함. |
| 6 | 법인 등록 | 기금이 승인되면 법인 등록을 통해 비영리법인으로 등록 | 법인 등록 후 의무사항 준수를 소홀히 해서는 안 됨. |
| 7 | 운영 시작 | 기금의 운용 및 관리 시작, 관련 법규 준수 | 초기 운영 단계에서 관리 방침을 확립해야 함. |
| 8 | 정기 보고 | 기금운용에 대한 정기적인 보고 및 회계 감사 실시 | 회계 감사를 통해 투명성을 높여야 함. |

- 소요시간 : 1.5~2개월(50~150만 원 소요, 법무사 설립 대행 가능)

제**6**장

# 개인의 증여 :
보험명의 변경에
유의하라!

# 보험금 증여와
# 세무상 쟁점

　지금부터는 보험금을 둘러싼 증여에 대해 알아보자. 실무에서 보면 보험금에 대한 증여세는 다른 금융상품과는 달리 상당히 복잡한 감이 있다. 대부분 금융상품은 계좌에 입금한 시기를 증여로 보게 되나, 보험은 '보험사고가 발생한 날'을 증여 시기로 보기 때문이다. 이 외에 증여재산가액을 평가하는 것도 특이하다. 다음에서는 이러한 관점에서 보험금 증여와 세무상 쟁점에 대해 먼저 정리해보고 자세한 것은 순차적으로 알아보자.

　보험금 증여와 관련해서 다음과 같은 점들이 쟁점에 해당한다.

　첫째, 보험금 증여세 과세요건은 어떻게 되는가?
　보험금에 대한 증여세는 먼저 보험금이 증여세 과세대상인지를 정확히 구분하는 것이 중요하다. 현행 상증법 제34조에서는 다음 2가지를 과세대상으로 하고 있다.

- 생명보험*이나 손해보험에서 보험금 수령인과 보험료 납부자가 다른 경우

  \* 보장성보험, 저축성보험, 연금저축보험 등이 포함된다.

- 계약 기간*에 보험금 수령인이 타인으로부터 재산을 증여받아 보험료를 납부한 경우**

  \* 보험 계약의 개시일로부터 종료일까지의 기간을 말한다.

  \*\* 계약 전에 보험료를 증여받아 보험료를 납부한 경우에는 원칙적으로 보험금에 대해 증여세를 부과하지 않는다(단, 완전포괄주의에 의한 증여세 과세문제는 Tip을 참조할 것).

둘째, 보험금 증여 시기는 언제인가?

일단 보험금에 대한 증여세 과세대상이 확인되었다고 하자. 그렇다면 증여세 납세의무가 성립되는 증여 시기는 어떻게 되는가?

이에 대해 상증법 제34조 제1항에서는 다음과 같이 이를 정하고 있다.

① 생명보험이나 손해보험에서 보험사고(만기보험금지급의 경우를 포함한다)가 발생한 경우 해당 보험사고가 발생한 날을 증여일로 하여~

여기서 '보험사고 발생한 날'이란 다음을 의미한다.

- 보장성보험→보험금을 수령한 날
- 저축성보험→만기 또는 해지로 보험금을 수령한 날
- 연금저축보험→연금지급 개시일

▶ 명의변경 등도 앞의 기준을 적용하나, 상속형 즉시연금보험의 경우에는 명의변경일을 증여 시기로 본다. 이는 잠시 뒤에 살펴본다.

셋째, 보험금에 대한 증여재산가액은 어떻게 정하는가?

보험금에 대해 증여세를 과세하기 위해서는 증여재산가액(=증여이익)을 계산해야 한다. 증여이익은 다음과 같이 계산한다.

- 보장성보험→수령한 보험금
- 저축성보험→수령한 보험금(차익 포함)
- 연금저축보험→지급받을 연금을 연금지급 개시 시점에서 현재가치로 평가한 금액(정기금 평가를 말함)

▶ 이때 계약 기간 내에 보험료를 증여받으면 현금증여로 보아 일차적으로 증여세가 과세되므로, 보험금 수령액에서 사전 증여금액을 차감한 보험금에 대해 이차적으로 증여세를 과세한다. 만일 명의변경을 한 경우에는 전체 보험금 중 보험료 납부점유율로 안분해서 증여재산가액을 계산한다.

넷째, 보험금에 대한 증여세는 어떻게 신고 및 납부하는가?

보험사고가 발생한 날이 증여 시기가 되며, 이날이 속한 달의 말일로부터 3개월 이내에 신고한다.

▶ 증여세는 증여재산가액이 증여재산공제(6억 원, 5,000만 원 등)를 초과하지 않으면 발생하지 않는다.

다섯째, 보험금에 대한 증여세를 줄일 방법은 무엇인가?

이는 보험금 증여세를 줄이기 위해 대안을 찾는 것을 말한다.

- 계약 전에 증여세 과세대상 여부를 판단한다.
- 계약자가 납부능력이 없으면 이에 대해 증여세가 나오지 않는 범위 내에서 사전증여를 한다.

• 명의를 변경할 때는 보험금 증여세 과세문제를 검토한다.

| 구분 | 내용 |
|---|---|
| 과세요건 | ① 생명보험이나 손해보험에서 보험금 수령인과 보험료 납부자가 다른 경우<br>② 계약 기간에 보험금 수령인이 타인으로부터 재산을 증여받아 보험료를 납부한 경우 |
| 납세의무자 | 보험금 수령인 |
| 증여 시기 | 보험사고 발생일(만기보험금 지급도 보험사고에 포함) |
| 증여재산가액 | 1) 보험료 납부자와 보험금 수령인이 다른 경우<br>① 보험료를 전액 타인이 납입한 경우 : 증여이익 = 당해 보험금<br>② 보험료를 일부 타인이 부담한 경우*<br><br>$\cdot\ 증여이익 = 보험금 \times \dfrac{보험금\ 수령인\ 이외의\ 자가\ 납입한\ 보험료}{납입한\ 보험료\ 총합계액}$<br><br>2) 보험료 납부자와 보험금 수령인이 동일한 경우*<br>① 보험료를 전액 타인재산 수증분으로 납입한 경우<br>$\cdot\ 증여이익 = 보험금 - 보험료\ 납입액$<br><br>② 보험료를 일부 타인재산 수증분으로 납입한 경우<br><br>$\cdot\ 증여이익 = 보험금 \times \dfrac{타인재산\ 수증분으로\ 납입한\ 보험료}{납입한\ 보험료\ 총액} - 타인재산\ 수증분으로\ 납입한\ 보험료$<br><br>▶ 타인재산 수증분으로 납입한 보험료는 현금 등 증여로 증여세 과세 |

\* 이 경우 보험금에 대한 안분계산이 필요하다.

# 보험 계약과
# 증여세 과세대상 판단

보험금에 대한 증여세를 계산하기 위해서는 먼저 발생하는 보험금이 증여세 과세대상인지를 정확히 가려낼 필요가 있다. 이에 대해서는 3장 절세 탐구 등에서 살펴봤지만 이를 복습하는 차원에서 다음에서 다시 한번 정리해보자.

## 1. 보험 계약에 따른 상속과 증여의 판단원리

### 1) 보험금에 상속세가 과세되는 경우

• 보험료 계약자와 피보험자가 피상속인이 되어야 한다(다음 표의 ③). 예를 들어 부(아버지)가 보험료를 내던 중 부가 사망한 상황에 해당해야 한다. 이 조건이 성립하지 않으면 상속세 과세대상이 아니다.

• 상속세가 과세되지 않으면 다음으로 증여세 과세대상 여부를 검토해야 한다.

## 2) 보험금에 증여세가 과세되는 경우

• 보험료 계약자(납부자)와 수익자가 다르면 증여세가 과세될 수 있다
(다음 표의 ②).

### ※ 보험금의 과세유형(상증세 집행기준 34-0-3)

| 구분 | 피보험자 | 계약자 | 납부자 | 보험금 수익자 | 세법상 처리 |
|------|----------|--------|--------|---------------|-------------|
| ① | 피상속인* | A | A | A | · 상속재산 아님.<br>· 증여에 해당하지 않음. |
| ② | 피상속인 | A | A | B | · 상속재산 아님.<br>· A가 B에게 보험금 증여 |
| ③ | 피상속인 | 불문 | 피상속인 | 불문 | · 수익자가 상속인이라면 상속세 과세<br>· 수익자가 상속인 외의 자**인 경우 유증에 해당해 상속세 과세 |

\* 사망자를 말한다.
\** 상속인은 배우자와 자녀 등 1순위를 말하며, 상속인 외의 자는 손자녀, 법인 등을 말한다.

## 2. 적용 사례

**❶** 다음과 같이 계약을 체결해 피보험자가 사망한 경우 상속세나 증여세가
없는 상황은?

자료

| 구분 | 계약자 | 피보험자 | 보험금 수령인 |
|------|--------|----------|---------------|
| ① | A | B | A(본인) |
| ② | A | A | B(배우자) |
| ③ | A | A | C(법정상속인)* |

\* 민법에서 정하고 있는 순위를 말한다. 1순위는 배우자와 자녀가 된다.

정답은 ①이다. ②와 ③의 경우에는 A의 상속재산에 해당한다.

**2** 다음 자료를 통해 물음에 대한 답을 찾아보자.

자료

| 구분 | 계약자 | 피보험자 | 수익자 |
|------|--------|----------|--------|
| ① | A | A | A |
| ② | A | A | B |
| ③ | A | B | A |

**Q1.** 앞에서 만기에 증여세가 과세되는 상황은 몇 번인가?

만기에 증여세가 과세되는 상황은 ②이다. ①과 ③의 경우에는 계약자와 수익자가 일치하므로 증여세 과세대상에서 제외된다.

**Q2.** 상속세와 증여세 모두 과세되지 않는 상황은 몇 번인가?

상속세와 증여세가 과세되지 않는 상황은 ③이다. 먼저 상속세의 경우 B가 사망해서 사망보험금이 발생하면 이는 A가 납입한 돈에 의해 A가 수령한 것이므로 이의 과세대상이 아니다. 다음으로 증여세의 경우 계약자와 수익자가 동일한 A이므로 증여세 과세대상이 아니다.

▶ 가장 좋은 보험 계약형태에 해당한다.

**Q3.** 만일 ③의 상황에서 B가 보험료 대납을 했다면 과세방식은 어떻게 바뀌는가?

③의 상황, 즉 계약자가 수익자가 같은 경우로서 A 씨가 내야 할 보험료를 B가 대신 내준 경우 이는 실질이 B 씨의 유산에 해당하므로 이를 상속재산가액에 포함해 상속세를 부과하는 것이 원칙이다.*

* 실질과세원칙이 적용된 결과다.

| 구분 | 과세 구분 | 과세되는 계약형태 |
|------|-----------|------------------|
| 만기보험금 | 증여세 | 계약자≠수익자일 때 증여세 성립 |
| 사망보험금* | · 상속세<br>· 증여세 | · 계약자=피보험자일 때 상속세 성립<br>· 계약자≠피보험자이고, 계약자≠수익자일 때 증여세 성립 |

\* 사망보험금이 상속세 과세대상에 해당하면 증여세는 부과되지 않는다.

# 보험금 증여세
# 과세요건

앞에서와 같이 계약에 따른 증여세 과세대상이 확인되었다면 보험금에 대한 구체적인 증여세 과세요건을 확인해야 한다. 이를 위해서는 상증법 제34조를 잘 파악해야 한다. 다음에서 이에 대해 정리해보자.

## 1. 상증법 제34조 보험금의 증여 규정

보험금의 증여에 대해서는 상증법 제34조에서 정하고 있다. 일단 규정을 그대로 살펴보자.

① 생명보험이나 손해보험에서 보험사고(만기보험금지급의 경우를 포함한다)가 발생한 경우 해당 보험사고가 발생한 날을 증여일로 하여 다음 각호의 구분에 따른 금액을 보험금 수령인의 증여재산가액으로 한다.
1. 보험금 수령인과 보험료 납부자가 다른 경우(보험금 수령인이 아닌 자가 보험료의 일부를 납부한 경우를 포함한다) : 보험금 수령인이 아닌 자가 납부한 보험료 납입액에 대한 보험금 상당액
2. 계약 기간에 보험금 수령인이 재산을 증여받아 보험료를 납부한 경우 : 증여받은 재

산으로 납부한 보험료 납입액에 대한 보험금 상당액에서 증여받은 재산으로 납부한 보험료 납입액을 뺀 가액

② 제1항은 제8조에 따라 보험금을 상속재산으로 볼 때는 적용하지 아니한다.

첫째, 제1항에서 점검해야 할 것은 다음과 같다.

- 증여대상이 되는 보험은 생명보험과 손해보험으로 대부분의 보험이 이에 해당한다.*

*상해보험도 포함하는 것으로 보인다(단, 유권해석의 확인이 필요하다).

- 보험사고가 발생한 날의 의미다. 이에 대해서는 앞에서 살펴보았다.
- 증여재산가액을 계산하는 방법이다. 이 규정을 보면 보험금 수령인과 보험료 납부자가 다른 경우와 계약 기간 내에 보험료를 증여받은 경우로서 둘로 나뉘고 있다. 이에 대한 자세한 내용은 뒤에서 살펴본다.

둘째, 제2항에서는 보험금에 대해 상속세가 과세되면 증여세를 과세하지 않는다는 것을 의미한다. 이는 이중과세를 방지하는 조치에 해당한다(선 상속세 과세, 후 증여세 과세원칙).

## 2. 적용 사례

사례를 통해 앞의 내용을 확인해보자.

| 구분 | 계약자 | 피보험자 | 수익자 |
|---|---|---|---|
| ① 보장성보험 | 부 | 모 | 자 |
| ② 저축성보험 | 부 | 자 | 자 |
| ③ 연금저축보험 | 자 | 자 | 자 |

**Q1.** ① 보장성보험 유지 중 피보험자가 사망했다. 이 경우 보험금은 자녀가 받게 된다. 그렇다면 이 보험금에 대해서는 증여세가 나오는가?

그렇다. 부가 납입한 돈에 의해 자녀가 보험금을 받기 때문이다.

**Q2.** ② 저축성보험 중 계약자를 부에서 자로 변경했다. 이후 자녀가 만기에 보험금을 1억 원 수령했다. 이 금액 전체가 증여가액인가?

아니다. 부와 자가 납입한 보험료의 비율로 나눠 증여가액을 계산해야 한다.

**Q3.** ③ 연금저축보험은 자가 계약자이지만 실제 납입은 부의 통장에서 인출되고 있다. 향후 연금지급이 개시되면 이날에 증여세가 나오는가?

이 경우 부가 납입한 보험료에 의해 자가 연금을 증여받게 되므로 연금지급 개시시점에서 증여세가 나오는 것이 원칙이다. 다만, 이를 자발적으로 신고하지 않으면 과세관청이 세무조사 등에 의해 이 사실을 적발해야 비로소 증여세가 부과될 수 있다.*

* 과세관청의 세무조사는 주로 상속이 발생한 때에 이뤄지므로 이와 무관하다면 증여 사실을 적발하기가 상당히 힘들어진다. 물론 연금지급금액이 큰 경우에는 별개로 세무조사가 진행될 수 있다. 자금 출처 입증능력이 떨어지는 자녀나 배우자 등이 유의해야 할 대목이다.

# 보험금 증여재산가액
# 계산법

보험금에 대한 증여세를 계산하기 위해서는 보험금에 대한 증여재산 가액을 정확히 평가해야 한다. 다음에서는 보험료를 납입하는 자와 보험금을 수령하는 자와의 관계에 따라 달라지는 보험금 증여재산가액 계산법에 대해 정리해보자.

## 1. 보험금 증여재산가액 계산법

### 1) 본인 자금으로 보험료를 납입해서 보험금을 수령한 경우

본인의 돈으로 보험료를 납입하고 본인이 보험금을 수령할 때는 증여 세 문제가 전혀 없다. 증여는 타인의 도움을 받을 때 발생하기 때문이다.

### 2) 타인이 보험료를 납입하고 본인이 보험금을 수령하는 경우

이는 증여에 해당한다. 참고로 이때 계약자가 본인인 경우에도 타인 이 보험료를 대납하면, 타인으로 도움을 받은 부분에 대한 보험금은 증 여세 과세대상이 된다.

① 보험료를 전액 타인이 납입한 경우 : 증여이익 = 당해 보험금

② 보험료를 일부 타인이 부담한 경우

- 증여이익 = 보험금 × $\dfrac{\text{보험금 수령인 이외의 자가 납입한 보험료}}{\text{납입한 보험료 총합계액}}$

### 3) 보험료를 증여받아 본인이 보험금을 수령한 경우

보험료를 증여받아 보험료를 납부한 후 보험금을 수령한 경우에는 다음과 같이 증여이익을 계산한다. 이때 보험료 증여분에 대해서는 1차로 과세되고, 보험금이 발생하면 보험료 증여분을 차감한 금액에 대해 2차로 증여세가 과세된다(재차 증여세 과세).

① 보험료를 전액 타인재산 수증분으로 납입한 경우 : 증여이익 = 보험금 - 보험료 납입액

② 보험료를 일부 타인재산 수증분으로 납입한 경우

- 증여이익 = 보험금 × $\dfrac{\text{타인재산 수증분으로 납입한 보험료}}{\text{납입한 보험료 총액}}$ - 타인재산 수증분으로 납입한 보험료

▶ 실무에서 보면 보험금 증여세 과세문제는 주로 3)에서 발생한다. 상증법 제34조 제1항 제2호에서는 '계약 기간' 내에 보험료를 증여받은 상황에서의 보험금 증여를 정하고 있는데, 그 전에 증여받아 납부한 경우에도 증여세를 과세할 수 있는지 등이 쟁점이 되기 때문이다. 이에 대해서는 이 장의 절세 탐구에서 살펴보기로 한다.

## 2. 적용 사례

사례를 통해 앞의 내용을 확인해보자.

**Q1.** 본인의 자금으로 보험에 가입해서 본인이 보험금을 받거나 연금을 수령하면 증여세 문제가 발생하는가?

아니다. 본인은 누구로부터 증여를 받은 적이 없기 때문이다.

**Q2.** K 씨는 부모가 대신 내준 보험료에 의해 연금을 받고 있다. 이 경우 증여세가 성립하는가?

그렇다. 이런 유형이 증여에 해당한다. 다만, 계약자와 수익자가 K 씨의 형태로 되어 있다면, 증여 사실을 과세관청이 밝혀낼 수 있는지는 별개에 해당한다.

**Q3.** K 씨는 계약 기간 내에서 아버지로부터 보험료 5,000만 원을 증여받았다고 하자. 이후 아버지를 피보험자로 한 보험료를 내다가 사망보험금 2억 원을 받았다. 이 경우 증여세는 어떤 식으로 과세될까?

계약 기간 내의 보험료 증여에 대한 보험금 증여세 과세는 상증법 제34조 제1항 제2호에 명시적으로 규정되어 있다. 이 경우에도 다음과 같이 증여세를 과세한다. 단, 현금 증여일로부터 10년 후에 사망보험금이 발생했다고 하자.

**① 현금증여분**
- 증여세 발생 : K 씨가 아버지로부터 받은 5,000만 원은 증여세 과세대상이다.
- 증여세 : 5,000만 원은 증여재산공제 한도 내이므로 증여세는 나오지 않는다.

② 보험금 수령분

• 사망보험금 수령 : K 씨가 수령하는 2억 원의 사망보험금은 아버지의 사망 시점에서 보험금 수령자로서 증여로 간주되며, 증여세가 과세된다.
• 증여세 : 사망보험금 2억 원에서 기 증여분과 공제액*을 차감한 후, 남은 금액에 대해 증여세가 부과된다.

* 기 증여분은 5,000만 원이고 증여공제는 10년간 5,000만 원을 차감한다.

• 증여재산가액 : 2억 원-5,000만 원=1억 5,000만 원
• 증여세 과세표준 : 1억 5,000만 원-5,000만 원=1억 원

▶ 보험 계약 전에 증여받은 경우로서 상증법 제2조의 완전포괄주의가 적용된다면, 앞과 같은 방식으로 증여세가 나올 수 있다.

| Tip | 증여 시기가 2회 발생하는 경우 |
| --- | --- |

• 보험료를 계약 전후에 증여받은 경우 : 현금증여와 보험금 증여의 발생
• 상속형 즉시연금보험*의 명의변경을 한 경우 : 명의변경 시 현금증여, 연금수령 시 연금증여의 발생

* 즉시연금보험 중 확정기간형과 종신형에 관한 내용은 잠시 뒤에 살펴보자.

# 명의변경과
# 증여 시기

보험 계약을 처음 체결할 때 상속세와 증여세 과세판단은 손쉽게 할 수 있다. 계약자와 수익자의 관계를 통해 정리하면 되기 때문이다. 예를 들어 계약자와 수익자가 같은 상황에서 만기보험금을 받거나 피보험자의 사망으로 보험금을 수령하면 상속세와 증여세 문제는 없다. 하지만 계약자와 수익자가 다르면 상속세를 먼저 검토하고 다음으로 증여세를 검토해야 한다. 그런데 명의를 중도에 변경하면 어떻게 될까? 다음에서 이와 관련된 세무상 쟁점을 정리해보자.

## 1. 명의변경과 세무상 쟁점

명의를 변경하면 다음과 같은 세무상 쟁점이 발생한다.

첫째, 보험금 수령 시 상속세와 증여세의 문제가 발생할 수 있다.

둘째, 보험상품의 종류에 따라 증여 시기*가 달라질 수 있다.

\* 일반적인 보험금의 증여 시기는 '보험사고 발생한 날', 즉 보험금을 수령하는 시기가 되므로 명의를 변경하더라도 보험사고가 발생하지 않으면 증여가 성립되지 않는다(상속증여세과-339, 2013. 07. 09). 다만, 상속형 즉시연금보험의 경우에는 명의를 변경한 날이 증여 시기가 된다.

셋째, 계약이 변경된 경우 수령한 보험금을 변경 전과 변경 후로 안분해야 한다.

### ※ 명의를 변경하더라도 당장 증여세가 발생하지 않는 이유

세법에서는 보험사고가 발생해서 수익자가 실제로 이익을 얻을 때, 즉 보험금 지급이 이뤄질 때 증여가 발생한 것으로 보고 관련 세금을 부과하기 때문이다. 따라서 명의변경 자체만으로는 증여세를 과세하지 않는 것이 원칙이다.\*

\* 단, 예외적으로 상속형 즉시연금보험(일시납 후 이자를 연금식으로 지급하고 원금은 상속하는 보험)은 명의 변경 때 1차 증여, 이후 연금개시 때를 2차 증여로 본다.

## 2. 적용 사례

K 씨는 다음과 같이 명의를 변경했다.

**자료**

• **당초 계약**

| 계약자 | 피보험자 | 수익자 |
|---|---|---|
| K | K | K |

• **변경 계약**

| 계약자 | 피보험자 | 수익자 |
|---|---|---|
| 자녀 | K | 자녀 |

**Q1.** 이 경우 보험금에 대한 증여 시기는 언제인가?

명의변경일이 아닌 보험사고가 발생한 날이 된다. 따라서 자녀가 보험금을 받아야 보험금 증여가 성립한다.

**Q2.** 이 경우 보험금에 대한 과세문제는?

명의변경 전에는 상속세나 증여세 과세문제가 전혀 없었으나, 변경 후에는 과세의 문제가 있다. 명의변경 전의 보험료는 K 씨가 납부했기 때문이다. 이에 대해 세법은 보험금 수령인이 아닌 자가 납부한 보험료 납입액에 대한 보험금 상당액은 증여로 본다.*

* 보험금에 대한 안분이 필요하다.

**Q3.** 만일 보험료를 K 씨와 그의 자녀가 반반씩 부담했다면 세금 관계는? 단, 발생한 보험금은 1억 원이라고 하자.

사례의 경우 다음의 금액을 K 씨가 자녀에게 증여한 것으로 본다.

• 증여보험금 = 보험금 수령액 × $\dfrac{\text{K 씨가 납입한 보험료}}{\text{전체 납입한 보험료}}$ = 1억 원 × $\dfrac{1}{2}$ = 5,000만 원

▶ 이 사례에서 K 씨가 납입한 금액에서 발생한 보험금은 증여세 과세대상이 된다. 그리고 상속개시 전 10년 이내에 증여한 금액은 피상속인의 상속재산가액에 합산되므로 앞의 보험금 증여액은 상속재산가액에 합산될 수 있다.

| 구분 | 당초 계약이 유지된 경우 | 당초 계약이 변경된 경우 |
|---|---|---|
| 보장성보험 | 보험금 사고가 발생한 날<br>(보험금 수령한 날) | 좌동 |
| 저축성보험 | 상동(만기보험금을 받은 날) | 좌동 |
| 연금저축보험 | 상동(연금지급이 개시된 날) | 좌동 |
| 상속형<br>즉시연금보험* | 보험사고가 발생한 날<br>(연금지급이 개시된 날) | 명의변경 시 : 1차 증여**<br>연금지급 시 : 2차 증여*** |

* 피보험자가 보험료를 일시에 납입한 후, 즉시연금(이자)을 받기 시작하는 즉시연금보험의 한 종
류에 해당한다. 사망 후 남은 연금(원금)이 상속인에게 전달될 수 있도록 설계된 상품이다.

** 명의변경일 현재의 해지 환급금을 증여가액으로 한다.

*** 연금평가액에서 해지 환급금을 차감한 금액을 증여가액으로 본다.

▶ 보험사고가 발생한 날로 증여세 과세시점을 늦춘 이유가 뭘까?

첫째, 보험은 펀드나 주식, 예·적금 등 다른 상품과는 그 성격이 확연히 다르다. 예를 들어 예·적금의 경우 원금을 입금한 날이 증여 시기이나, 증여임이 불분명하면 이를 사용한 날을 기준으로 증여세 과세 여부를 따지게 된다. 이러한 자산은 비교적 단기간 운용되고 원금 납입 시기와 이자의 수입 시기를 쉽게 가늠할 수 있으므로 증여 시기를 파악하기가 쉽다. 그래서 위와 같이 증여 시기를 포착하고 있다.

둘째, 보험의 경우 서비스가 장기간 발생하며 보험금이 발생하는 때는 대부분 질병이 발생하거나 사망 또는 만기시점이 된다. 따라서 부득이하게 보험사고가 발생한 날을 증여 시기로 정할 수밖에 없다.

셋째, 진짜 이유는 바로 세금을 더 거두는 데 있는 것으로 보인다. 예를 들어 아버지가 증여세 비과세 한도인 5,000만 원 이내에서 보험료를 대납한 후 그의 자녀가 10억 원의 보험금을 탔다고 해보자. 이러한 상황에서 만일 보험료 대납 시점을 증여 시기로 본다면 향후 10억 원에 대해서는 증여세를 과세할 수 없게 된다. 하지만 보험료를 대납한 날이 아닌 보험금 탈 때를 증여 시기로 봄에 따라 10억 원 전체에 대해 증여세를 부과할 수 있게 된다.

# 보험금
# 증여재산평가법

　보험금에 대한 증여세와 상속세 등을 제대로 계산하기 위해서는 해당 재산에 대한 가액을 정확히 파악해야 한다. 그런데 보장성보험이나 저축성보험의 경우 보험회사로부터 받은 금액이 명확히 파악되므로 이를 평가하는 것이 그렇게 어렵지 않다. 하지만 보험금이 연금식으로 나오는 보험의 경우에는 파악이 어렵다. 지급 기간이 정해지지 않은 경우도 있기 때문이다. 이에 대해 세법은 어떤 식으로 규정하고 있는지 알아보자.

## 1. 정기금 평가법

　정기금은 정기적으로 지급되는 금액을 말한다. 연금이 대표적이다. 그런데 연금은 지급 기간이 있는 것과 없는 것 그리고 사망 시까지 지급되는 것으로 구분된다. 상증령 제62조에서는 이를 유기정기금, 무기정기금, 종신정기금으로 분류해서 다음과 같이 평가하도록 하고 있다. 다만, 평가기준일 현재 계약의 철회, 해지, 취소 등을 통해 받을 수 있는 일시금이 다음 각호에 따라 평가한 가액보다 큰 경우에는 그 일시금의 가액에 의한다.

## ※ 정기금 평가방법

| | |
|---|---|
| ① 유기정기금<br>(기한이 정해짐) | $\sum \dfrac{\text{각 연도에 받을 정기금액}}{(1+\text{이자율})^n}$<br><br>· 이자율 : 3.0%(단, 수시 변경가능)<br>· $n$ : 평가기준일로부터 경과연수<br><br>▶ 유기정기금 평가액은 1년분 정기금액의 20배를 한도로 함. |
| ② 무기정기금<br>(기한이 안정해짐) | 1년분 정기금액 × 20배 |
| ③ 종신정기금<br>(사망 시점이 기한<br>임) | $\sum \dfrac{\text{각 연도에 받을 정기금액}}{(1+\text{이자율})^n}$<br><br>· 이자율 : 3.0%(단, 수시 변경가능)<br>· $n$ : 평가기준일로부터 정기금 수령자가 기대여명 연수(통계청)에 달할 때까<br>지의 경과연수 |

앞의 내용을 좀 더 구체적으로 살펴보면 다음과 같다.

### ① 지급 기간이 정해져 있는 상품(유기정기금)

연금수령 기간이 10년 또는 20년으로 정해져 있는 상품의 경우 해당 기간에 받을 금액을 3.0%로 할인해서 평가한다. 다만, 각 연도에 받을 정기금을 3.0%로 할인한 금액은 1년분 정기금액의 20배(한도)를 초과할 수 없다.

### ② 지급 기간이 정해져 있지 않은 상품(무기정기금)

무기정기금의 경우 1년분 정기금액의 20배를 평가금액으로 한다. 예를 들어 기한이 정해져 있지 않은 연금보험에서 1년분 정기금액이 1,000만 원이라면 이 금액에 20을 곱하면 2억 원으로 평가된다(무기정기금은 할인하지 않으므로 평가액이 유기정기금에 비해 크게 나올 수 있다).

### ③ 종신까지 연금이 나오는 상품(종신정기금)

죽을 때까지 연금이 나오는 상품에 대해 각 연도에 받을 금액을 3.0%로 할인해서 재산을 평가한다. 다만, 할인을 위해서는 수급 기간을 정할 필요가 있는데 2011년부터는 통계청이 매년 발표한 기대여명 표에 의한 기대여명 연수(통계청 홈페이지에서 조회 가능)까지를 기준으로 한다.

## 2. 적용 사례

K 씨의 아버지는 다음과 같이 계약을 체결했다.

> 자료

| 계약자 | 피보험자 | 수익자 | 월납 보험료 |
|---|---|---|---|
| 아버지 | K 씨 | 아버지 | 100만 원 |

**Q1.** 보장성보험과 저축성보험에 대한 평가방법은?

보험금평가가 필요한 이유는 상속재산가액이나 증여재산가액을 확정시키기 위해서다. 따라서 일시금으로 지급되는 것들은 지급 시점에 금액이 확정되므로 이를 평가할 이유가 없다. 하지만 연금처럼 계속적으로 지급되는 상품은 세법에서 별도로 정한 방법에 따라 평가해야만 이를 확정시킬 수 있다. 다만, 평가를 위해서는 연금지급 기간, 할인율 등이 있어야 한다.

**Q2.** 앞에서 계약자 명의를 아버지에서 K 씨로 변경했다고 하자. 이 경우 증여가액은 어떻게 평가하는 것일까?

일단 계약을 변경하더라도 증여 시기는 변경일이 아니라 보험사고가 발생한 날이다. 이때 증여가액을 확정시켜야 하는데, 만일 일시금으로 받는 경우에는 평가가 불필요하나, 연금이면 별도의 평가가 필요하다. 이를 표로 요약하면 다음과 같다.

| 사망보험금 | 만기보험금 | 연금 | | |
|---|---|---|---|---|
| | | ① 확정형 | ② 종신형 | ③ 상속형 |
| 일시금 | 일시금 | 평가 필요 | 평가 필요 | 평가 필요 |

참고로 시중에서 팔리고 있는 연금보험의 경우 확정형 연금지급, 종신형 연금지급, 상속형 연금지급 등 3가지 형태로 지급방식이 나뉘고 있다.

- 확정형 연금 : 확정 기간에만 연금을 지급받을 수 있도록 하는 방식을 말한다. 만일 약정한 기간이 경과하기 전에 피보험자가 사망한 경우에는 잔여기간에 대한 연금은 상속인이 수령할 수 있다.
- 종신형 연금 : 피보험자가 사망할 때까지 연금이 지급되며, 연금지급개시 이후 단기간 내에 사망할 경우 상속인에게 사전에 약정된 보증기간 동안 연금을 지급하는 방식이다.
- 상속형 연금 : 피보험자가 살아있을 때는 이자 상당액의 연금이 지급되고 사망할 경우 상속인에게 상속 보험금을 지급하는 방식이다.

# 보장성보험과
# 증여세 과세사례

지금까지 공부한 내용을 바탕으로 보장성보험과 관련한 증여세 과세 문제를 종합적으로 알아보자.

## 1. 보장성보험과 증여세

보장성보험의 경우에는 주로 사망보험금과 관련해 상속세와 증여세의 문제가 발생한다. 따라서 계약 시 이에 대한 과세문제를 정리해두는 것이 좋다. 한편, 계약을 변경할 때도 이에 대한 과세문제를 점검하도록 한다. 이때 다음과 같은 형태의 계약을 유지하면 좋다.

| 구분 | 계약자 | 피보험자 | 수익자 | 비고 |
|---|---|---|---|---|
| ① 계약 체결 시 | A | 불문 | A | 계약자와 수익자 일치 시 증여세 문제없음.* |
| ② 명의변경 시 | A | 불문 | A | |

\* 단, 명의변경 전의 보험료에 의한 보험금 상당액은 증여세 과세문제가 있다.

계약자가 보험료를 내지 못할 형편이 되면, 미리 자녀증여공제 범위 내에서 증여한 후에 이를 통해 내도록 한다.* 물론 납부능력이 되면 문제가 없다.

> \* 다만, 계약 기간 내에 보험료를 증여하는 것은 좋지 않다. 보험료 증여분에 대해서 먼저 증여세가 과세되기 때문이다. 따라서 계약 전에 증여가 되도록 한다(이장의 절세 탐구 참조).

## 2. 적용 사례

다음과 같이 종신보험에 가입한 후 이에 대한 계약을 변경했다.

**자료**

| 구분 | 계약자 | 피보험자 | 수익자 |
|---|---|---|---|
| ① 계약 체결 시 | 아버지 | 아버지 | 아버지 |
| ② 명의변경 시 | 아들 | 아버지 | 아들 |

**Q1.** ② 명의변경 시 증여세가 발생하는가?

아니다. 종신보험의 경우 명의변경만으로 보험사고가 발생하지는 않았으므로 이 경우 증여세가 과세되지 않는다.

**Q2.** 변경 전에는 아버지가, 변경 후에는 자녀가 보험료를 냈다. 이후 아버지가 돌아가시면서 자녀가 보험금을 수령하게 된다. 그렇다면 이때 보험금에 대한 과세방법은?

전체 보험금 수령액 중 아버지와 자녀가 보험료의 납부비율에 따라 과세방식을 정한다.

- 아버지의 납입액에 대한 보험금* : 상속세 과세대상임.
- 자녀의 납입액에 대한 보험금 : 상속세와 증여세 과세대상이 아님.

\* 이를 실무에서는 의제 상속재산이라고 하며 다음과 같이 계산한다.

• 지급받은 보험금 총합계액×(피상속인부담보험료합계액/납입된 보험료의 총합계액)

**Q3.** 증여일로부터 10년 이내에 상속이 발생하면 사전증여재산가액은 상속재산가액에 합산되는데, 이 경우에도 이 규정이 적용되는가?

아니다. 아버지가 납입한 금액에 대한 보험금은 상속재산가액에 포함하기 때문이다. 상증법 제8조 제1항을 참조하기 바란다.

① 피상속인의 사망으로 인해 받는 생명보험 또는 손해보험의 보험금으로서 피상속인이 계약자인 계약에 의해 받는 것은 상속재산으로 본다.

**Q4.** 만일 앞의 계약에서 수익자만 아들로 변경했다고 하자. 이 경우 피보험자가 사망한 경우의 세금 관계는?

| 구분 | 계약자 | 피보험자 | 수익자 |
|---|---|---|---|
| 계약 체결 시 | 아버지 | 아버지 | 아버지 |
| 명의변경 시 | 아버지 | 아버지 | 아들 |

이 경우 아버지가 납입한 보험료에 의해 보험금이 발생하므로 상속세 과세대상이 된다.

**Q5.** 이 사례에서 얻을 수 있는 교훈은?

보장성보험은 사망보험금을 목적으로 하는 것이므로 당초 계약 시 계약자와 수익자를 자녀 등으로 동일하게 하면 과세문제를 피할 수 있다.

# 저축성보험과 증여세 과세사례

저축성보험은 저축을 통해 이자를 획득하는 것을 목적으로 한다. 그런데 이러한 보험을 자녀 등에게 증여할 수도 있다. 이때 발생하는 세무상 쟁점은 명의변경 시 증여 시기와 비과세 상품의 경우 비과세 조건도 승계되는지 정도가 된다. 다음에서 이에 대해 정리해보자.

## 1. 저축성보험과 증여세

저축성보험의 경우에는 주로 만기보험금과 관련해서 소득세, 상속세와 증여세의 문제가 발생한다. 따라서 계약 시 이에 대한 과세문제를 정리해두는 것이 좋다. 한편, 명의를 변경할 때도 이에 대한 과세문제를 점검하도록 한다.

### 1) 소득세

저축성보험 차익(이자)에 대한 과세방식은 크게 비과세와 과세(분리과세와 종합과세)로 나뉜다. 이 중 과세는 수령자 중심으로 보면 되지만, 비과세는 요건 판단이 중요하다. 이에 해당하기 위해서는 기본적으로 10년 이상 유지를 해야 하기 때문이다(기타 요건은 2장 참조). 이에 대해 세법은 다음과 같은 원칙을 정하고 있다.

- 10년 유지→증여일 이후 새롭게 시작*

* 단, 2013년 2월 15일 전에 가입한 보험은 당초 가입한 날로부터 이의 기간을 따진다.

### 2) 상속세와 증여세

저축성보험도 계약형태에 따라 상속세와 증여세의 문제가 발생할 수 있다. 따라서 이러한 문제를 비켜나가기 위해서는 앞의 보장성보험과 같은 방식으로 계약을 체결하거나 명의를 변경하도록 한다.

| 구분 | 계약자 | 피보험자 | 수익자 | 비고 |
|------|--------|----------|--------|------|
| 계약 체결 시 | A | 불문 | A | 계약자와 수익자 일치 시 증여세 문제없음.* |
| 명의변경 시 | A | 불문 | A | |

* 단, 명의변경 전의 보험료에 의한 보험금 상당액은 과세문제가 있다.

## 2. 적용 사례

**1** 다음과 같이 저축성보험에 가입했다. 이 상황에서 자녀가 보험금을 수령하면 상속세와 증여세 문제가 있는가?

자료

| 구분 | 계약자 | 피보험자 | 수익자 |
|------|--------|----------|--------|
| 계약 체결 시 | 자녀 | 아버지 | 자녀 |

없다.

**❷** 다음과 같이 저축성보험에 가입한 후 명의를 변경했다. 참고로 이 저축성보험은 아버지가 2014년에 가입한 것으로 10년 이상 유지한 비과세되는 저축성보험에 해당한다.

자료

| 구분 | 계약자 | 피보험자 | 수익자 |
|------|--------|----------|--------|
| 계약 체결 시 | 아버지 | 아버지 | 아버지 |
| 명의변경 시 | 아들 | 아버지 | 아들 |

**Q1.** 명의변경 시 증여세가 발생하는가?

아니다. 저축성보험도 명의변경만으로 보험사고가 발생하지는 않는 것으로 보기 때문에 이 경우 증여세가 과세되지 않는다. 따라서 아들이 보험금을 수령할 때 한꺼번에 증여세가 과세된다.*

* 만일 아들이 증여받은 후 연금식으로 이를 받게 되면 이를 정기금으로 평가해서 증여재산가액을 계산해야 한다.

**Q2.** 변경 전에는 아버지가, 변경 후에는 자녀가 보험료를 냈다. 이후 아버지가 돌아가시면서 아들이 보험금을 수령했다. 그렇다면 이때 보험금에 대한 과세방법은?

전체 보험금 수령액 중 아버지와 자녀가 보험료의 납부비율에 따라 과세방식을 정한다.

• 아버지의 납입액에 대한 보험금 : 상속세 과세대상임.
• 자녀의 납입액에 대한 보험금 : 상속세와 증여세 과세대상이 아님.

**Q3.** 아들이 저축성보험 차익을 수령하면 비과세가 적용되는가?

증여일로부터 새롭게 10년이 지나야 한다.* 따라서 원칙적으로 비과세가 성립하지 않는다.

* 단, 2013년 2월 15일 이후에 가입한 것부터 적용한다.

**❸** 서울 성동구에서 거주하고 있는 K 씨는 계약자와 피보험자 그리고 수익자를 현재 20세인 자녀(학생)로 하는 연금보험 계약을 체결했다. 보험료 5억 원은 K 씨가 일시금으로 지급했다. 연금지급은 20년 뒤부터 종신 동안 지급된다.*

* 이 보험은 세제비적격 연금보험에 해당하므로 이자소득세 과세문제는 별도로 검토해야 한다.

**Q1.** 20년 후에 증여세 과세를 위한 재산평가는 어떻게 해야 하는가?

K 씨가 들어준 연금보험에 의해 자녀는 40세부터 죽을 때까지 연금을 수령하게 된다. 따라서 40세에 연금개시 시점이 증여 시점이 되므로 종신정기금 평가방법으로 재산가액을 산출한다. 이때 기대여명 연수가 80세이고, 매년 지급받을 연금이 3,000만 원이라고 한다면 다음과 같이 평가된다. 할인율은 3.0%를 적용한다.

**※ 종신정기금 평가**

$$\cdot \text{유기정기금} = \Sigma \frac{\text{각연도에 받을 정기금액}}{(1+\text{이자율})^n} = \frac{3{,}000\text{만 원}}{(1+3.0\%)^{40}} = 693{,}443{,}159\text{원}^*$$

* 이 금액은 챗GPT를 활용하면 쉽게 계산할 수 있다.

**Q2.** 이 경우 증여세는 얼마나 예상하는가? 단, 현금 5억 원에 대한 증여세가 발생하며, 향후 연금지급이 되면 연금에 대한 증여세가 과세된다고 하자(2회 증여 가정).

총평가액이 6억 9,000만 원이고, 이 중 5억 원은 보험료 납입 시 증여가액, 나머지는 2차 증여가액에 해당한다. 따라서 증여세는 다음과 같이 예상된다.

- 5억 원에 대한 증여세
  (증여재산가액-증여재산공제액)×증여세율(10~50%)=(5억 원-5,000만 원)×20%-1,000만 원=8,000만 원
- 1억 9,000만 원에 대한 증여세
  (증여재산가액-증여재산공제액)×증여세율(10~50%)=
  (1억 9,000만 원-5,000만 원)×20%-1,000만 원=1,800만 원
- 계 : 9,800만 원

**Q3.** 만일 40세에 정기금 평가액에 대해서만 증여세가 나온다면 얼마나 예상하는가?
- (6억 9,000만 원-5,000만 원)×30%-6,000만 원=1억 4,700만 원

**Q4.** 세법은 앞의 Q2와 Q3 중 어떤 방법으로 증여세를 과세하도록 하고 있을까?

이 경우에는 보험료의 증여가 먼저 일어났으므로 Q1처럼 과세해야 할 것으로 보인다.

연금보험을 정기금 평가법으로 평가하면 명목상의 금액보다 훨씬 낮게 평가된다. 앞의 사례를 보면 자녀가 40년 동안 받을 연금액은 12억 원(3,000만 원×40년)이나, 이를 20년 뒤의 시점에서 평가하면 평가액이 약 6억 9,000만 원으로 줄어든다.

| 명목상의 연금 | 세법으로 평가한 금액 | 차이 금액 |
|---|---|---|
| 12억 원 | 약 6억 9,000만 원 | 5억 1,000만 원 |

이처럼 생각보다 금액이 줄어든 것은 세법에서 정하고 있는 이자율 3.0%로 증여 시점에서 할인해서 평가하기 때문이다. 참고로 이때 기대여명 연수를 벗어난 부분은 증여재산가액에 포함되지 않는다. 따라서 자녀가 기대여명 연수를 넘게 살 때는 이 부분에 대해서는 재산평가를 하지 않으므로 절세효과를 기대할 수 있다. 종신정기금 평가법이 유리한 점은 여기에 있다.

# 연금저축보험과
# 증여세 과세사례

    연금저축보험(세제적격)은 노후대비를 위해 연금소득을 얻는 것을 목적으로 한다. 그런데 이러한 보험도 증여세가 발생할 수 있다. 다만, 이와 관련된 증여 이슈는 보험료 납입과 관련된 것이다. 계약 중에 명의변경이 일어나는 경우는 많지 않기 때문이다. 다음에서 이에 대해 정리해보자.

## 1. 연금저축보험과 증여세

    연금저축보험은 평소 보험료를 납입한 다음에 일정 시점부터 연금을 수령하는 보험을 말한다.\* 이러한 연금저축과 관련해서 발생할 수 있는 증여세 문제는 다음과 같이 정리된다.

> \* 이를 통해 지급받는 연금은 소득법상 연금소득에 해당한다.

### 1) 연금보험료를 본인이 내는 경우
본인의 돈으로 낸 후 연금을 수령하면 증여세 문제는 없다.

### 2) 연금보험료를 타인으로부터 대납받은 경우

이는 다음과 같이 부모가 대신 연금보험료를 내는 것을 말한다. 이 경우 보험사고가 발생한 날, 즉 연금이 지급되는 날이 증여 시기가 되므로 이때 증여세 납세의무가 발생한다.

| 계약자 | 피보험자 | 수익자 |
|--------|----------|--------|
| 자녀 | 자녀 | 자녀 |

이때 증여재산가액은 앞에서 본 정기금 평가방법에 따른다.

### 3) 연금보험료를 증여받은 경우

자녀가 계약 기간 내에 연금보험료를 증여받은 후 보험료를 내서 연금을 수령하면 다음과 같이 증여세가 2회 발생한다.

- 1차 현금증여에 대한 증여세 과세
- 2차 연금지급 시 연금에 대한 증여세 과세*

\* 이때 연금평가액에서 1차의 증여가액을 차감한다. 만일 1차에 대한 증여세 신고를 누락한 경우에는 가산세의 문제가 있을 수 있다.

### 4) 명의를 변경하는 경우

연금저축보험의 명의를 변경하는 경우 증여 시기는 어떻게 될까? 즉, 연금을 수령할 때가 될까? 아니면 변경을 할 때 1차 증여가 되고, 이후 연금을 수령할 때 2차 증여가 될까?

이 경우는 보험료를 증여하는 것이 아니므로, 연금이 처음 지급되는 시기를 증여 시기로 보는 것이 타당하다. 이때가 보험사고가 발생한 날이 되기 때문이다.

## 2. 적용 사례

사례를 통해 앞의 내용을 확인해보자.

**Q1.** K 씨는 부모가 대신 연금보험료를 내줬다. 이후 그는 수익자가 되어 연금을 받고 있다. 이렇게 되면 연금에 대해 증여세가 나오는가?

부모가 대납한 돈에 의해 연금을 수령하는 것이므로 증여세 과세문제가 발생한다. 물론 실제 증여세가 과세될 가능성은 그리 크지 않다.

**Q2.** Q1의 경우 증여재산가액은 어떻게 평가하는가?

연금보험의 납부자와 보험금 수령인이 다른 경우 보험사고(만기보험금 지급의 경우 포함)가 발생한 때에 정기금 평가방법으로 평가한 가액을 수령인의 증여재산가액으로 한다(재산세과-605, 2010. 08. 18).

**Q3.** K 씨는 계약자면서 수익자인 연금보험에 가입 중이다. 연금보험료는 부모로부터 증여받아 이를 가지고 납입하고 있다. 이 경우 증여세는 어떤 식으로 과세되는가?

보험료는 1차 증여가액에 해당하며, 향후 연금을 받을 때 2차 연금평가액에서 보험료 증여가액을 차감한 금액을 증여가액으로 보게 된다.

**Q4.** Q3에서 매월 보험료를 증여받은 경우라면 이에 대한 신고는 어떻게 해야 하는가?

원래 매월 단위로 신고하는 것이 원칙이지만, 번거로우므로 앞에서 본 정기금 평가방법으로 한꺼번에 신고할 수 있다. 다음의 해석을 참조하기 바란다.

※ **보험금의 증여**(상증, 재산세과-590, 2010. 08. 13)

연금보험의 계약 기간에 매회 납입할 금액을 모친이 내기로 자녀와 약정한 경우로서 그 사실을 최초 납입일부터 증여세 신고기한 이내에 신고한 경우에는 유기정기금 평가방법에 따른 가액을 최초 납입일에 증여한 것으로 보는 것이며, 이후 보험사고(만기보험금 지급의 경우를 포함)의 발생으로 보험금을 수취하는 경우에는 수취한 보험금 상당액에서 최초 납입일에 증여한 것으로 신고한 증여재산가액을 뺀 가액을 보험금 수령인의 증여재산가액으로 하는 것임.

# 즉시연금보험과
# 증여세 과세사례

　즉시연금보험이 있다. 이는 일시납을 연금식으로 나눠 보험금을 수령하는 상품을 말한다. 그런데 이러한 즉시연금보험 중 상속형 즉시연금보험을 명의변경하면 보험사고가 발생하는 날이 아닌 명의변경일을 1차 증여로 보고, 연금을 받을 때 2차 증여로 보아 과세하고 있다. 다음에서 이에 대해 알아보자.

## 1. 즉시연금보험의 유형

　즉시연금보험도 생명보험의 한 유형에 속하나, 세액공제를 받을 수 없는 상품에 해당한다.

### 1) 즉시연금보험의 유형
즉시연금보험의 종류는 다음과 같다.

| 즉시연금보험<br>형태 | 특징 | 장점 | 단점 |
|---|---|---|---|
| 종신형<br>즉시연금 | 피보험자가 생존하는<br>동안 평생 연금을 지급 | 장수 리스크 방지,<br>평생 연금수령 가능 | 연금액이 상대적으로<br>낮음, 사망 시 남은 보험<br>금 없음(중도해지 불가). |
| 확정형<br>즉시연금 | 일정 기간(예 : 10년, 20년<br>등) 동안 연금지급 | 정해진 기간 안정적인<br>연금수령 가능 | 설정된 기간 이후 사망<br>시 남은 보험금 없음. |
| 상속형<br>즉시연금 | 피보험자 사망 시 남은<br>연금액이 상속인에게<br>상속됨.* | 상속인을 위한 재산<br>승계 가능 | 상속재산에 포함되어<br>상속세가 발생할 수 있음. |

* 대개 이자를 연금식으로 지급하고 원금은 상속하는 식으로 운용된다.

## 2) 즉시연금보험과 세무상 쟁점

첫째, 즉시연금보험으로 받은 연금의 소득 성격이다.

소득법상 연금소득은 공적연금소득과 사적연금소득(세제적격 연금저축
이나 퇴직연금)을 말하므로 즉시연금보험으로 받은 연금에서 나온 소득은
소득법상 이자소득에 해당한다.*

* 따라서 보험료 납입액을 초과한 차익에 대해서는 이자소득으로 보아 세무처리를 해야 한다. 다만,
해당 보험이 비과세가 적용되는 일시납 저축성보험(한도 1억 원)에 해당하면 이에 대해서는 비과세가
적용된다. 비과세가 적용되면 건강보험료에도 영향을 주지 않는다.

둘째, 계약 시 계약자와 수익자의 관계에 따라 상속세와 증여세 문제
가 발생한다.

즉시연금보험도 계약자와 피보험자 그리고 수익자의 형태로 계약이
된다. 따라서 계약자와 수익자가 일치하면 앞에서 본 것처럼 상속세와
증여세 문제는 없다. 그렇지 않으면 이와 관련된 문제가 발생한다.

셋째, 상속형 즉시연금보험의 계약자를 변경하는 경우에는 다음과
같이 세무처리를 한다.

- 연금개시 전에 계약자를 변경하면→변경일에 맞춰 1차 증여세를 계산한다. 이때 증여재산가액은 납입금액과 이자 상당액을 더해 평가한다.
- 명의변경 후 연금이 지급되면→연금을 정기금 평가한 금액에서 1차에서 과세된 증여가액을 차감한 금액에 대해 2차로 증여세를 과세한다.

---

**※ 상속형 즉시연금보험의 계약자와 수익자를 변경하는 경우 증여세 과세 여부**
(서면법규-166, 2013. 02. 14)

① 상속형 즉시연금보험의 계약자와 수익자를 갑(甲)으로 하여 보험에 가입하고 보험료를 일시에 납부한 후 그 보험의 연금지급이 개시되기 전에 계약의 계약자와 수익자를 을(乙)로 변경하는 경우에는 상증법 제2조에 따라 을(乙)에게 증여세가 과세되는 것이며, 이 경우 증여재산가액은 계약자 변경 시까지 납입한 보험료와 이자 상당액의 합계액으로 평가하는 것임.

② 이후 생명보험이나 손해보험에 해당하는 즉시연금보험의 연금지급이 개시되는 경우에는 같은 법 제34조에 따라 연금개시 당시 그 연금보험의 평가액에서 보험료 납입액을 차감한 가액을 연금수령자(을)의 증여재산가액으로 하는 것이며, 이 경우 연금개시 당시 해당 연금보험의 평가는 같은 법 시행령 제62조(정기금 평가)에 따라 평가하는 것임. 다만, 귀 질의와 같이 해당 연금보험의 연금개시 당시 계약자와 수익자가 동일한 경우에는 그 보험의 해지 환급금 상당액으로 평가할 수 있는 것임.

---

이 예규를 분석하면 다음과 같다.

첫째, 연금지급이 개시되기 전에 상속형 즉시연금보험의 계약자와 수익자를 변경하면 상증법 제2조(포괄주의 규정)*에 따라 증여세를 과세한다.

* 2003년 12월 30일에 신설되었으며 현재는 제2조 제3항에서 정하고 있다.

▶ 연금이 개시된 이후에는 상증법 제34조를 적용하면 된다. 즉, 증여받은 자녀가 첫 연금을 수령할 때가 증여 시기가 된다는 것이다(따라서 연금이 지급된 이후에 명의변경을 추진하는 전략이 필요하다).

둘째, 이때의 증여재산가액 평가는 계약자 변경 시까지 납입한 보험료와 이자 상당액의 합계액으로 평가한다.

▶ 이는 일시납을 현금으로 증여받은 것으로 보는 것을 의미한다.

셋째, 증여받은 후 연금을 받으면 이차로 증여세를 부과한다. 이때 증여재산가액평가는 정기금 평가로 한다. 단, 연금개시 당시 계약자와 수익자가 동일한 경우에는 해지 환급금으로 평가한다.

## 2. 적용 사례

K 씨는 수년 전에 5억 원 상당의 상속형 즉시연금보험에 가입한 후 매월 이자를 받고 있다. K 씨는 이 연금보험을 명의변경을 통해 자녀에게 증여하고자 한다.

**Q1.** 상속형 즉시연금보험이란 무엇을 의미하는가?
상속형 즉시연금보험은 계약자가 일시금으로 보험료를 납입하고, 그 즉시 일정 금액의 연금(이자)을 받기 시작하는 보험상품을 말한다. 일반 즉시연금보험과의 차이점은 피보험자가 사망했을 때 남은 연금(원금)이 상속인에게 상속재산으로 지급된다는 점이다. 이러한 상품의 주요 목적은 피보험자가 생존 중에 연금으로 생활비를 해결하면서도 사망 후 상속인들에게 재산을 남길 방안을 제공하는 것이다.

**Q2.** 이 경우 증여 시기와 증여재산가액평가는 어떻게 하는가? 단, 상증법 제34조(보험금의 증여 규정)를 적용하기로 한다.

원래 계약자와 보험금 수령자가 다른 경우의 보험금 증여 시기는 상증법 제34조에 의해 '보험사고가 발생한 날'이 된다. 따라서 증여받은 자녀가 첫 연금을 수령할 때가 보험금의 증여 시기가 된다. 한편, 증여재산가액평가는 증여일 현재의 시가로 하되, 시가가 없는 경우에는 정기금 평가에 의하는 것이 원칙이다.

**Q3.** 과세관청의 해석(서면법규과-166, 2013. 02. 14)에 따라 세무처리를 한다면 Q2의 답변은 어떻게 수정되어야 할까?

이때는 다음과 같이 세무처리를 해야 한다.

첫째, 명의변경일에 1차 증여세를 과세한다.

| 구분 | 내용 |
|---|---|
| 증여 시기 | 명의변경일 |
| 증여재산가액 | 보험료납부액+이자 상당액 |
| 증여세 계산 | (증여재산가액-증여재산공제)×증여세 세율 |

둘째, 명의변경 이후에 연금지급 개시 시 2차 증여세를 과세한다.

| 구분 | 내용 |
|---|---|
| 증여 시기 | 연금지급 개시 시 |
| 증여재산가액 | ① 계약자≠수익자 : 정기금 평가<br>② 계약자＝수익자 : 해지 환급금 |
| 증여세 계산 | (증여재산가액-보험료납부액 등-증여재산공제)×증여세 세율 |

따라서 이러한 해석의 결과 상속형 즉시연금보험의 명의변경 시점에 증여세 신고를 하지 않았다면, 이에 대해서는 세금추징이 일어날 수 있다.

**Q4.** 상속형 즉시연금보험이 아니어도 앞의 해석을 적용하는가?

이에 대해서는 해석이 없으나 상속형이 아닌 다른 즉시연금보험도 이처럼 해석하는 것이 타당해보인다. 다만, 앞의 해석을 적용하지 않으면 변경 후 보험사고발생일(연금개시일 즉, 첫 번째 연금수령일)을 증여 시기로 해서 상증령 제62조의 규정에 따른 정기금의 평가방법에 따라 증여재산가액을 평가해야 할 것으로 보인다(유권해석 확인이 필요하다).

| **Tip** | 즉시연금 명의변경 시 증여세 과세체계와 평가방법 | |
|---|---|---|
| **구분** | | **과세 및 평가방법** |
| 계약자 변경 시 증여세 과세 여부 | | 과세 |
| 변경 등 평가방법 | 연금개시 전 | 보험료+이자 |
| | 연금개시 — 계약자와 수익자 동일 | 해지 환급금 |
| | 연금개시 — 계약자와 수익자 상이 | 현재가치 할인(정기금 평가) |
| | 보험사고 발생 시 | 보험금 수령액 |

앞에서 보험금 증여에 대한 다양한 세무상 쟁점을 살펴보았다. 지금부터는 이와 관련된 지식을 바탕으로 보험상품을 마케팅하는 방법에 대해 알아보자.

## 1. 증여재산공제

증여세는 증여재산가액에서 증여재산공제를 차감한 금액에 10~50% 세율을 곱해 산출세액을 계산한다. 이때 증여재산공제액은 다음과 같다.

| 구분 | 공제액 | 비고 |
|---|---|---|
| 배우자로부터 수증 | 6억 원 | 10년간의 공제한도액 |
| 성년자가 직계존비속으로부터 수증 | 5,000만 원 | |
| 미성년자가 직계존비속으로부터 수증 | 2,000만 원 | |
| 기타 친족으로부터 수증 | 1,000만 원 | |
| 성년자가 혼인·출산으로 직계존속으로부터 수증 | 1억 원 | · 평생 한도임.<br>· 혼인·출산일 전후 2년(4년)<br>　이내에 적용 |

증여재산공제는 10년간 증여 시 합산한 공제액을 말한다. 예를 들어 배우자로부터 3년 전에 3억 원을 증여받았다면 남아 있는 7년 동안 나머지 3억 원을 추가로 공제받을 수 있다. 이렇게 하면 10년간 총 6억 원을 공제받을 수 있다. 물론 10년이 지나면 새로이 6억 원을 공제받을 수 있다. 하지만 2024년에 신설된 혼인·출산 증여공제는 평생 1억 원(부부 기준 2억 원) 한도 내에서 이 공제를 받을 수 있다. 따라서 성년자의

경우 일반 증여공제 5,000만 원과 혼인·출산 증여공제 1억 원 등을 합하면 1억 5,000만 원까지 증여세가 없다(부부 기준 3억 원).

## 2. 적용 사례

**Q1.** P 씨는 이번에 혼인하면서 1억 원을 증여받았다. 이 자금을 가지고 보험에 가입하면 어떤 세금문제가 발생할까?

해당 자금에 대한 증여세는 없다. 다만, 향후 보험금을 수령할 때는 상증법 제2조의 포괄주의가 적용될 수도 있다(단, 현실적으로 과세되는 사례는 없어 보임).

**Q2.** K 씨는 초등학교 5학년생인 자녀를 위해 10년간 매월 20만 원을 납입하는 연금저축보험에 가입하고자 한다. 이 경우 증여세가 나오는가?

K 씨 자녀의 나이에 따른 증여세 과세환경을 표로 정리하면 다음과 같다.

| 구분 | 현재 | 10년 후 | 20년 후 |
|---|---|---|---|
| 나이 | 12세 | 22세 | 32세 |
| 원금 | 0원 | 2,400만 원 | 2,400만 원 |
| 연금수령 | - | - | 연금수령 |
| 증여세 과세시점 | - | - | 과세 |

표를 보면 자녀에게 증여세가 과세되는 시점은 20년 후*다. 다만, 이때 증여세는 증여재산가액에서 증여재산공제(5,000만 원)를 차감해서 10~50%의 세율을 적용해 계산하게 된다. 이때 증여재산가액이 5,000만 원 이하라면 증여세는 없다.

* 과세시점이 늦게 포착되므로 연금저축보험의 경우 과세될 가능성이 현저히 떨어진다.

**Q3.** A 씨는 이번에 태어난 손자를 위해 연금저축에 가입했다. 이 경우 세액공제를 받을 수 있을까?

받을 수 있다. 요즘 새롭게 선보인 신연금저축은 나이 제한이 철폐되었기 때문이다. 따라서 이러한 정보를 이용해서 다음과 같이 계약을 체결할 수도 있다.

- 증여세 비과세 한도(10년 기준 미성년자 2,000만 원, 성년자 5,000만 원)를 고려한다.
- 앞의 비과세 한도를 고려해서 매월 연금저축보험료를 책정한다(일반적으로 1인당 20만 원 내외).
- 만기 시에 다양한 용도로 자금을 활용한다(학자금 또는 생활비 등).

**Q4.** 어떤 부부가 10억 원으로 확정형 일시납 보험(즉시연금보험)에 가입하고 10년간 이자를 받는 조건으로 다음과 같이 계약을 체결했다고 하자. 이 같은 상황에서 10년간 매월 500만 원의 연금(이자)을 받아 이를 생활비로 소진했다고 하자. 그리고 10년이 되는 해의 마지막 날에 계약자가 사망했을 경우 10억 원을 받을 수 있다고 하자. 이 경우 다른 보험에 예치하는 것과 비교해볼 때 절세효과는 얼마가 될까? 단, 이 보험은 사망 후 20년간 최저 보증된다.

| 계약자 | 피보험자(보험대상자) | 연금수익자 | 사망수익자 |
|---|---|---|---|
| 본인(66세) | 배우자(62세) | 본인 | 본인 |

먼저, 일반보험으로 상속한 경우의 상속세를 계산해보자.

여기서 상속세는 다음과 같이 계산된다. 단, 이자는 사망 전에 받았으며 금융재산공제를 포함한 상속공제액은 없다고 가정한다.

- 10억 원×30%-6,000만 원(누진공제)=2억 4,000만 원

다음으로, 즉시연금보험에 대한 상속세를 계산해보자.

이 보험은 상속형 즉시연금보험으로 계약자 사망 후 20년간 최저 지급보증을 하고 있다. 따라서 계약자 사망 후 최저보증 기간인 20년분에 대한 연금을 받을 권리를 앞에서 본 유기정기금 방법에 따라 평가해야 한다. 이때 연간 6,000만 원(월 500만 원)을 최저보증 기간인 20년간을 기준으로 재산평가하면 다음과 같다.

## ※ 상속재산평가금액

$$\Sigma \frac{\text{각 연도에 받을 정기금액}}{(1+\text{이자율})^n} = \Sigma \frac{6,000만 원}{(1 + 3.0\%)^{20}} = 약 \ 8억 \ 9,264만 원$$

\* 이 금액은 챗GPT를 활용하면 쉽게 계산할 수 있다.

따라서 이 경우 상속세는 다음과 같이 계산된다.

• 8억 9,264만 원×30%-6,000만 원(누진공제)=2억 779만 원

참고로 이러한 분석은 하나의 예에 불과하므로 단순 참고용으로만 삼아주길 바란다.

장애인을 보험금 수령인으로 하는 보험으로서 연간 4,000만 원 이하까지는 증여세를
부과하지 않는다. 여기서 보험은 수익자가 장애인으로 지정된 모든 보험을 말한다.

1. 장애인복지법에 따른 장애인 및 장애아동 복지지원법에 따른 장애아동 중 기획재정
   부령으로 정하는 사람*

* 발달 재활서비스를 지원받고 있는 사람을 말한다.

2. 국가유공자 등 예우 및 지원에 관한 법률에 의한 상이자 및 이와 유사한 사람으로서
   근로 능력이 없는 사람

3. 삭제

4. 제1호 및 제2호 외에 항시 치료해야 하는 중증환자

상증법은 보험료 증여를 언제 받았느냐에 따라 보험금에 대한 증여세 과세방식을 달리 정하고 있다. 다음에서 이에 대해 분석해보자.

## 1. 보험료 증여 시기와 보험금 증여세 과세

보험료를 언제 어떤 식으로 증여받았느냐에 따라 보험금에 대한 증여세 과세문제가 달라진다.

### 1) 계약 기간 내에 보험료를 증여받은 경우

이에 대해서는 1차 현금증여로 본다. 그리고 이후 보험사고가 발생해서 보험금을 수령한 경우 해당 보험금에서 현금증여액을 차감한 금액에 대해 2차로 증여세를 과세한다(상증법 제34조 제1항 제2호에 해당함).

▶ 2회 증여 시기가 발생한다.

### 2) 계약 전에 보험료를 증여받은 경우

계약 전에 미리 보험료를 증여받았을 때 이에 대해서도 현금증여로 본다. 그렇다면 증여받은 후 계약하고 보험사고가 발생하면 상증법 제2조(포괄주의)에 따라 증여세가 과세될 수 있을까?

이에 대해 과세관청은 "금전을 먼저 증여받은 후 그 증여받은 금전에 대해 증여세 신고 및 납부한 때도 그 증여받은 금전으로 자녀가 계약을 체결하고 보험료를 납입하다가 보험사고(만기보험금 지급의 경우를 포함)의 발생으로 보험금을 수취해도 그 경제적인 실질이 상증법 제34조와 유사한 경우에는 같은 법 제2조 제3항 및 제4항*의 규정에 따라 수령한 보험금에서 납입한 보험료를 차감한 금액을 자녀의 증여재산가액으로 하여 자녀에게 증여세가 과세된다"라는 입장이다(기재부-580 등).

> \* 이 규정은 거래 시기나 거래방법과는 관계없이 경제적 실질에 따라 증여세를 과세할 수 있음을 규정하고 있다.

▶ 실무에서 보면 보험금에 대해 상증법 제2조의 완전포괄주의를 적용하는 예는 거의 없는 것으로 알려지고 있다. 다만, 세무조사 등이 진행된 경우에는 이 조항의 적용을 배제할 수 없다고 보인다. 따라서 고액의 계약에서는 이 규정이 적용되지 않도록 정교한 검토가 필요하다. 참고로 2016년 2월 5일 전까지는 구 상증법 제42조 제4항에 따라 미성년자 등이 타인으로부터 재산을 증여받은 날로부터 5년 이내에 보험사고 등이 발생하면 이에 대해서도 증여세를 과세할 수 있었으나, 현재는 이 규정이 폐지되었다.

### 3) 적용 사례

K 씨는 20세인 자녀를 위해 현금 5,000만 원을 증여하고 이에 대해 증여세 신고를 마쳤다. 이 자금으로 자녀를 위해 계약을 체결하고, 이후 만기로 인해 1억 원 상당액의 보험금을 수령한 경우 증여세 과세표준은 어떻게 될까? 단, 보험금은 증여일로부터 ① 5년 내, ② 5~10년 이내, ③ 10년 후에 받았다고 하자.

이 경우 앞의 모든 상황에 대해 상증법 제2조에 따른 포괄주의가 적용되어 과세될 수 있으나 과세의 실현 가능성은 희박하다.

| 구분 | ① 5년 내 | ② 5~10년 내 | ③ 10년 후 |
|---|---|---|---|
| 증여재산가액 | 1억 원 | 1억 원 | 1억 원 |
| 증여공제 | 5,000만 원 | 5,000만 원 | 5,000만 원 |
| 과세표준 | 5,000만 원 | 5,000만 원 | 5,000만 원 |
| 과세근거 | 상증법 제2조 제3항 | | |

## 2. 보험금 수령과 국세부과 제척기간

보험료나 보험금에 대한 증여세 등을 제대로 신고하지 않을 수도 있다. 이때 국세부과 제척기간이 경과하면 과세당국이 이 사실을 알더라도 과세할 수 없게 된다.

### 1) 국세부과 제척기간

| 세목 | 원칙 | 특례 |
|------|------|------|
| 상속·증여세 | − 15년간<br>(탈세·무신고·허위신고 등)<br>− 10년간(이 외의 사유) | · 상속 또는 증여가 있음을 안 날로부터 1년(탈세로서 제3자 명의 보유 등으로 은닉재산이 50억 원 초과 시 적용) |
| 이 외의 세목 | − 10년간(탈세)<br>− 7년간(무신고)<br>− 5년간(이 외의 사유) | · 조세쟁송에 관한 결정 또는 판결이 있는 경우, 그 결정(또는 판결)이 확정된 날로부터 1년이 경과하기 전까지는 세금부과가 가능함. |

### 2) 적용 사례

**❶** K 씨는 미성년자인 자녀에게 1억 원을 증여하고 증여세를 납부했다. 이후 자녀가 본인 명의로 보험사의 일시납 연금보험에 가입하고 20년 후 일시금으로 찾거나 연금으로 수령한다고 하자.

**Q1.** 이 경우 20년은 증여세 제척기간이 만료되는데 이 경우에도 완전포괄주의를 적용할 수 있는가?

아니다. 증여 시기인 보험사고일이 국세부과 제척기간의 기산일이 된다. 따라서 보험사고일로부터 15년 3개월이 지나야 국세부과 제척기간이 만료되므로 사례의 경우 이 기간이 만료되지 않아 증여세를 부과할 수 있다(국세청 상담사례 2008. 08. 20).

▶ 이 사례를 보면 20년 전에 신고한 증여세와는 별도로 보험사고가 발생한 때인 20년 후에 연금개시가 되므로 이날이 보험의 증여 시기가 된다. 이처럼 증여 시기가 늦게 포착되는 관계로 이 같은 상황에서 연금보험에 대한 과세는 현실적으로 어려울 것으로 보인다.

**❷ 개인사업을 하는 P 씨는 수입을 누락시켜 신고를 해왔다. 그러던 중 세무조사가 진행되어 다음과 같은 소득이 적출되었다. 국세부과 제척기간은 어떻게 되는가?**

> **자료**
> ① 11년 전에 누락한 소득 1억 원
> ② 5년 전에 누락한 소득 1억 원

①의 경우에는 과세할 수 없다. 소득세 부과제척기간(탈세 10년)이 지났기 때문이다. 하지만 ②의 경우에는 과세할 수 있다.

제 **7** 장

재산가의 상속 :
종신보험을
활용하라!

# 보험금 상속과
# 세무상 쟁점

지금부터는 보험금과 관련된 상속세 과세문제를 살펴보고자 한다. 보험 관련 상속세는 앞에서 본 증여보다는 복잡하지 않지만 그래도 주의할 것들이 있다.

## 1. 보험금 상속과 세무상 쟁점

보험금 상속과 관련된 세무상 쟁점은 다음과 같이 정리할 수 있다.

첫째, 보험 계약 및 변경에 따라 상속세 과세대상이 달라질 수 있다.
계약자와 피보험자 그리고 수익자의 관계에 따라 상속세의 과세대상이 결정된다.

둘째, 상속재산에 포함되는 보험금 평가방법에 주의해야 한다.
일시금을 수령하면 평가가 필요 없지만, 연금은 정기금 평가를 해야 한다. 이 외에도 해당 보험금이 상속세 과세에서 제외*되는지도 확인해야 한다.

* 일반적으로 유족연금 등을 말한다. 이에 대해서는 223페이지를 참조하기 바란다.

셋째, 납부할 상속세가 많이 예상되는 경우에는 납부방법을 잘 선택해야 한다.

상속세 납부는 현금을 납부(일시납, 분납, 연부연납 중 선택)하는 것이 원칙인데, 현금이 부족하면 부동산 등을 헐값에 매도해야 하는 상황에 몰릴 수 있다.

▶ 상속과 관련된 보험마케팅은 주로 상속세 납부대책과 관련된다. 뒤의 해당 부분에서 살펴본다.

## 2. 적용 사례

사례를 통해 앞의 내용을 확인해보자.

**Q1.** 보험금이 상속재산에 포함되는 경우는?

계약자와 피보험자가 피상속인*인 상태에서 상속인들이 보험금을 받으면 이를 상속재산에 포함한다.

* 사망자를 말한다.

**Q2.** 상속이 발생하기 전에 보험을 포함해서 증여받은 재산이 있다. 이 재산도 상속재산가액에 포함하는가?

그렇다. 다만, 다음과 같은 방식으로 상속세로 정산하는 것이 원칙이다.

• 상속인이 사전증여를 받으면 합산 기간은 10년이다.
• 상속인 외의 자가 사전증여를 받으면 5년이 합산 기간이다.*

* 독자들은 상속인과 상속인 외의 자를 구별해야 한다. 이 장의 절세 탐구를 참조하기 바란다. 저자의 다른 책《상속·증여 세무 가이드북》에서 이에 대해 자세히 설명하고 있다.

**Q3.** 상속세 신고 및 납부는 언제까지 하는가? 그리고 상속세는 누가 납부하는가?

상속세 신고 및 납부는 상속개시일이 속하는 달의 말일로부터 6개월 이내에 한다. 상속세는 상속인별로 납부하고 상속재산 중 상속인 등 각자가 받았거나 받을 재산의 점유비율에 따라 상속세 납부의무를 부담하며, 그 각자가 받는 상속재산 한도로 연대해서 납부할 의무를 진다.

**Tip** **상속세와 증여세의 비교**

| 구분 | 상속 | 증여 |
|---|---|---|
| 개념 | 사후에 재산을 무상으로 이전 | 생전에 재산을 무상으로 이전 |
| 과세대상 | 상속개시일 현재 피상속인의 모든 재산(채무 포함) | 증여일 현재의 증여재산 |
| 납세의무 성립 시기 | 상속개시일(사망일) | 증여일(보험사고 발생일) |
| 납세의무자 | 상속인 | 수증인 |
| 연대납세의무 | 있음. | 좌동 |
| 과세표준 | 상속재산가액<br>−상속공제<br>=과세표준 | 증여재산가액<br>−증여재산공제<br>=과세표준 |
| 세율 | 10~50%(5단계 누진세율) | 좌동 |
| 면세점 | 다음 금액 이하 시에는 세금 없음.<br>· 배우자 생존 시 : 10억 원~<br>· 배우자 부존 시 : 5억 원~ | 다음 금액 이하 시에는 세금 없음.<br>· 배우자 간 증여 : 6억 원<br>· 직계비속 간 증여 : 5,000만 원<br>  (미성년자 2,000만 원)<br>· 혼인·출산 증여 : 1억 원 등 |
| 합산과세 | · 상속인 : 10년 이내의 증여재산<br>· 상속인 외의 자 : 5년 이내의<br>  증여재산* | · 동일인 : 10년 이내의 증여가액<br>  합산 |

\* 사전에 증여한 재산에 대해서는 상속세 누적합산 과세기간에 주의해야 한다. 이는 상속세를 줄이기 위해 사전에 증여한 경우 상속개시일로부터 소급해서 10년(상속인 외의 자는 5년) 내의 증여재산을 상속재산에 합산해 과세하는 것을 말한다.

# 보험 계약과
# 상속세 과세대상 판단

　사망보험금은 계약형태에 따라 상속재산이 되기도 하고, 증여재산이 되기도 한다. 이때 보험금이 상속재산에 포함되는 경우에는 금융재산 공제의 적용대상이 된다. 이러한 내용이 무엇을 의미하는지 다시 한번 살펴보자.

## 1. 보험 계약과 상속세와 증여세 과세판단

　일반적으로 보험은 계약자와 피보험자가 일치되지 않은 상태에서 피보험자가 사망해 보험금을 받더라도 이에 대해서는 상속세가 과세되지 않는다. 보험금은 피보험자가 납입한 돈에 의해 발생하지 않았기 때문이다. 이러한 개념은 보험에 대한 상속세·증여세 체계를 이해하는 데 매우 중요하다. 다음 표를 통해 좀 더 알아보자.

※ 보험 계약형태별 상속·증여세 과세체계

| 번호 | 계약자(납부자) | 피보험자 | 수익자 | 사망보험금 |
|------|----------------|----------|--------|-----------|
| ① | 피상속인(부) | 피상속인(부) | 상속인(자) | 상속세 |
| ② | 상속인(모) | 피상속인(부) | 상속인(자) | 증여세 |
| ③ | 납부능력 없는 상속인(자) | 피상속인(부) | 상속인(자) | 상속세 |
| ④ | 납부능력 있는 상속인(자) | 피상속인(부) | 상속인(자) | 세금 없음. |

위의 표에서 가장 좋은 계약형태는 ④번이다. 이 경우에는 상속세와 증여세 모두 과세되지 않기 때문이다. 하지만 나머지 계약형태들은 상속세나 증여세가 과세되는 계약형태가 된다. ①은 계약자와 피보험자가 일치하므로 상속세의 과세대상이 된다. ②는 상속세 과세대상은 아니나 계약자와 수익자가 다르므로 증여세 과세대상이 된다. 어머니의 돈이 자녀에게로 흘러갔기 때문이다. ③이 가장 문제가 되는 대목인데 이는 외관상 ④의 형태와 같아 상속세와 증여세 모두 없는 것으로 생각할 수 있으나, 실제 보험료를 납부한 사람이 부면 상속세 과세대상이 된다.

## 2. 적용 사례

다음과 같이 갑이라는 사람이 사망해서 보험금 3억 원을 수령한 경우 상속세는 나오는가? 단, 그의 재산은 부동산이 10억 원 정도 있고, 배우자가 있다. 보험료는 을의 자금으로 납부해왔다.

| 계약자 | 피보험자 | 수익자 |
|--------|----------|--------|
| 을 | 갑 | 을 |

상속세 과세판단 시 보험료를 누가 납입했느냐는 상당히 중요하다. 납입한 사람이 피보험자인 상태에서 사망한 경우에는 이를 상속재산으

로 보기 때문이다. 그런데 사례의 경우에는 피보험자가 사망했는데 피보험자는 보험료 납부자가 아니다. 따라서 이 경우의 보험금은 상속재산과 무관하다. 결국, 사례의 경우 이 보험금을 제외한 금액을 기준으로 상속세를 계산해야 하는데, 상속공제액이 10억 원이므로 상속세는 발생하지 않는다.

---

### 🔎 돌발 퀴즈

앞의 사례에서 보험료를 피보험자인 갑이 대납한 경우 피보험자의 사망으로 받은 보험금은 상속세 과세대상이 되는가?

그렇다. 피보험자의 돈으로 납입했기 때문에 이때 받은 사망보험금은 상속재산에 포함된다.

---

1. 상속재산으로 보는 보험금(상증법 제8조)

① 피상속인의 사망으로 인해 받는 생명보험 또는 손해보험의 보험금으로서 피상속인이 계약자인 계약에 따라 받는 것은 상속재산으로 본다.

② 계약자가 피상속인이 아니어도 피상속인이 실질적으로 보험료를 납부했을 때는 피상속인을 계약자로 보아 제1항을 적용한다.

※ 상증세 집행기준

• 8-4-3 [보험금 수령인이 상속인이 아닌 경우]

피상속인의 사망으로 인해 지급받는 생명보험 또는 손해보험의 보험금으로서 계약의 수익자가 상속인이 아닌 경우에는 상속인이 아닌 자가 유증 등을 받은 것으로 보아 상속재산에 포함된다.

• 8-4-4 [상속재산으로 보는 보험금 계산]

$$\text{상속재산으로 보는 보험금} = \text{보험금총액} \times \frac{\text{피상속인이 부담한 보험료 합계액}}{\text{피상속인이 사망 시까지 납입한 보험료 합계액}}$$

① 피상속인이 부담한 보험료는 보험증권에 기재된 보험료 금액에 의한다.

② 계약에 따라 피상속인이 지급받은 배당금 등으로 보험료에 충당되었을 때는 동 금액은 피상속인이 부담한 보험료에 포함된다.

2. 비과세되는 보험금

다음 각호의 어느 하나에 해당하는 것은 상속재산으로 보지 아니한다(상증법 제10조).

• 국민연금법 등에 따라 지급되는 유족연금 또는 사망으로 인하여 지급되는 반환일시금

• 산업재해보상보험법에 따라 지급되는 유족보상연금

• 근로자의 업무상 사망으로 인하여 근로기준법 등을 준용하여 사업자가 그 근로자의 유족에게 지급하는 유족보상금 또는 재해보상금과 그 밖에 이와 유사한 것

# 상속세 예측을 위한
# 계산절차

보험에 대한 상속세를 다루기 전에 상속세 계산구조 정도는 미리 파악하고 있어야 한다. 이러한 지식은 상속과 관련된 보험마케팅을 할 때 기본이 된다.

## 1. 상속세 계산절차

상속세는 부자들에게 과세되는 세금이 틀림없다. 따라서 부자들의 세금에 대한 고민을 덜어주기 위해서는 미리 상속세 대책을 마련하는 것이 좋다. 다음의 절차는 상속세 전체를 이해하는 데 있어 상당히 중요하다.

첫째, 상속세가 나올 것으로 예상되면 먼저 자산 및 부채 목록을 파악한다. 현존하는 재산 항목은 물론 사전에 증여한 재산도 파악해야 한다. 상증법에서는 10년(비상속인은 5년) 전에 증여한 재산가액도 상속재산가액에 포함하도록 하고 있기 때문이다. 물론 이 외에도 퇴직금이나 보험금, 주식, 채권, 수익증권, 신탁재산 등도 상속재산가액에 포함되므로 이런 부분까지 고려해야 한다.

둘째, 재산가액이 파악되었다면 이제 상속세를 예측해본다. 세금예측을 할 때는 시세를 기준으로 하는 것이 좋다. 보수적으로 접근하는 것이 안전하기 때문이다. 예를 들어 어떤 고객의 재산이 30억 원 정도로 파악되었다고 하자. 만약 상속공제액이 10억 원이라면 상속세는 대략 6억 4,000만 원 정도가 된다. 상속세 과세표준이 20억 원이면 이에 대해서는 40%가 적용(누진공제액 1억 6,000만 원)되기 때문이다.

셋째, 많은 상속세가 예상된다면 대책을 마련한다. 예를 들어 재산가액을 낮출 수 있는지 그리고 상속공제를 늘릴 수 있는지 등이 이에 해당한다. 특히 상속공제는 0원부터 수백억 원대까지 다양하게 발생하기 때문에 이를 집중적으로 연구하는 것이 중요하다. 실무적으로 배우자상속공제나 금융재산공제, 동거 주택상속공제, 가업상속공제 등을 활용하면 상속세 과세표준을 떨어뜨릴 수 있다.

넷째, 위와 같이 하더라도 세금이 크게 나올 것으로 예상하면 미리 재산 규모를 조절할 필요가 있다. 만일 금융자산이 많은 경우에는 현금성 자산부터 줄이는 것이 좋다. 상속이 임박한 경우에는 자금을 인출할 때 상속추정제도*를 적용받지 않는 범위 내에서 인출하되 목돈이 인출되지 않도록 한다. 자칫 증여로 볼 수도 있기 때문이다. 한편, 병원비나 기타 공과금은 피상속인의 통장에서 인출되도록 할 필요가 있다. 만일 상속에 대비할 수 있는 시간이 남아 있는 경우 전체 자산 중 부동산이 차지하는 비중이 큰 경우에는 부동산의 시세와 기준시가를 고려해서 일부를 처분해 예금과 현금으로 바꿔두는 것도 필요하다.

* 상속개시일 전 재산종류별로 처분 또는 인출금액이 1년(2년) 이내에 2억 원(5억 원) 이상인 경우로서 '객관적으로 용도가 명백하지 아니한 경우에는 상속인이 상속받은 것으로 추정'하는 제도를 말한다. 이 책에서는 이에 대한 자세한 설명은 생략한다.

다섯째, 상속세 납부대책도 미리 세워두는 것이 좋다. 향후 상속세를 낼 때 현금이 없으면 부동산 등으로 납부해야 하는 경우가 발생해서 낭패를 당하기 쉽다. 이때 종신보험이나 기타보험으로 대비하면 상당한 도움이 될 수 있다.

## 2. 적용 사례

경기도 고양시 일산에 사는 K 씨가 사망했다. 그의 유산은 30억 원이다. 자녀에게 5년 전에 증여한 재산 5억 원이 있는 경우 상속세 산출세액은 얼마인가?

상속세는 다음과 같이 계산한다.

첫째, 상속재산가액을 합계한다. 앞의 경우 상속재산가액은 총 35억 원이 된다. 상속개시일 현재의 30억 원에 상속인에게 증여한 재산 5억 원을 더한 결과다. 상속개시일을 소급해 10년(상속인 외의 자는 5년) 이내의 증여재산가액*을 상속재산가액에 합산해서 과세하기 때문이다(10년 누적 합산과세제도).

  * 증여일 현재의 증여재산가액이 합산된다.

둘째, 상속공제액을 계산한다.
상속이 발생하면 대략 다음과 같이 최소 10억 원 이상 공제를 받을 수 있다(배우자가 없으면 5억 원 이상을 공제받을 수 있다).

| 배우자상속공제 | 일괄공제 | 금융재산공제 | 가업상속공제 | 계 |
|---|---|---|---|---|
| 5억~30억 원 | 5억 원 | 2억 원 한도 | 600억 원 한도 | 10억~632억 원 |

셋째, 상속세를 계산한다.

상속세는 앞의 상속재산가액에서 상속공제액을 차감한 과세표준에 10~50%의 세율을 곱해서 계산한다. 사례의 경우에는 15억 원을 받을 수 있다고 하자. 이 경우 상속세 산출세액은 다음과 같다.

- 상속세 산출세액=20억 원(=35억 원-15억 원)×40%-1억 6,000만 원(누진공제)=6억 4,000만 원

※ 상속세(증여세) 세율*

| 과세표준 | 세율 | 누진공제 |
|---|---|---|
| 1억 원 이하 | 10% | – |
| 1~5억 원 이하 | 20% | 1,000만 원 |
| 5~10억 원 이하 | 30% | 6,000만 원 |
| 10억~30억 원 이하 | 40% | 1억 6,000만 원 |
| 30억 원 초과 | 50% | 4억 6,000만 원 |

* 당초 상속세 및 증여세율을 10~40%로 인하할 예정이었으나, 2024년 12월 10일에 현행의 세율을 유지하기로 국회에서 결정했다.

# 보험금과
# 금융재산상속공제

보험금이 상속재산에 포함되면 금융재산상속공제를 2억 원 한도로 받을 수 있다. 다음에서는 이를 포함해서 상속공제에 대한 대략적인 내용을 알아보자. 이에 대한 자세한 내용은 저자의 다른 책에 풍부하게 설명되어 있으니 참조하기 바란다.

## 1. 상속공제제도

현행 상속공제는 다음과 같이 다양하게 적용되고 있다.

| 구분 | 항목 | 공제내용 | 한도 |
|------|------|----------|------|
| 기초공제 | | 2억 원 | |
| 인적공제 | - 배우자 공제<br>- 자녀 공제<br>- 미성년자 공제<br>- 연로자 공제<br>- 장애인 공제 | 법정상속지분 내 실제 상속받은 가액<br>1인당 5,000만 원<br>1,000만 원×19세까지의 잔여 연수<br>1인당 5,000만 원<br>1,000만 원×기대여명의 연수 | 최소 5억 원,<br>30억 원 한도 |

| 일괄공제 | | 5억 원(기초공제와 인적공제의 합계액 대신 적용할 수 있음) | |
|---|---|---|---|
| 가업상속 공제 | 가업 상속재산가액 | MIN(가업 상속재산×100%) | 최대 600억 원 (가업 영위 기간 에 따라 차등 적용) |
| 영농상속공제 | | 영농상속재산가액 | 30억 원 |
| 금융재산 공제 | 순 금융재산가액이 · 2,000만 원 이하 · 2,000만 원~1억 원 · 1억 원 초과 | 전액 2,000만 원 순 금융재산 가액×20% | 2억 원 |
| 동거 주택 상속공제 | 피상속인과 10년 이상 계속해서 동거한 주택을 1세대 1주택자인 상속인이 상속받으면 주택 가액의 100%를 6억 원 한도 내에서 공제 | | |

## ※ 상속공제 적용법

- 배우자가 생존한 경우에는 일괄공제 5억 원과 배우자상속공제 최하 5억 원 등 10억 원 이상을 공제받을 수 있다.
- 배우자가 없는 경우에는 일괄공제 5억 원 이상을 공제받을 수 있다.

## 2. 적용 사례

**❶** K 씨가 사망했다. 유산을 파악해보니 주택은 시세로 5억 원, 임야는 시세로 5억 원(기준시가는 1억 원), 보통예금 잔고 2,000만 원, 보험금 2억 원 등이 있었다. 이 경우 상속세는 얼마나 될까? K 씨의 배우자는 먼저 사망했다.

앞의 물음에 맞춰 답을 순차적으로 찾아보자.

첫째, 보험금이 상속재산에 포함되는지를 확인해야 한다. 사례에서 계약자가 K 씨인 경우라면 이는 상속재산가액에 포함된다. 이 사례에서는 상속재산에 포함된다고 하자.

둘째, 부동산의 평가방법에 유의해야 한다.

부동산의 평가는 원칙적으로 시가로 해야 한다. 보통 주택은 유사한 주택의 거래로 인해 시가가 확인되는 경우가 많으므로 5억 원을 평가금액으로 한다. 하지만 임야는 유사한 토지가 없어 시가가 확인이 안 되는 경우가 많아 기준시가인 1억 원으로 평가하는 것이 일반적이다.

셋째, 상속공제의 경우, 일괄공제와 금융재산공제를 적용한다고 하자.

이상의 내용을 반영하면 다음과 같이 계산할 수 있다.

| 구분 | 금액 | 비고 |
|---|---|---|
| 상속재산가액 | 8억 2,000만 원 | 주택 5억 원+임야 1억 원+예금 2,000만 원+보험금 2억 원 |
| -상속공제액 | 5억 4,400만 원* | 일괄공제 5억 원+금융재산공제 4,400만 원 (=순 금융재산×20%) |
| =과세표준 | 2억 7,600만 원 | |
| ×세율 | 20% | |
| -누진공제 | 1,000만 원 | |
| =산출세액 | 4,520만 원 | |

* 상속공제액이 상속재산가액을 초과하면 상속세는 부과되지 않는다.

❷ 경기도 수원에서 사는 P 씨는 고액재산가에 해당한다. 평소 상속세에 대한 걱정이 많아 어쩔 수 없이 자신이 사망하면 보험금 10억 원이 나오는 계약을 체결했다. 그에게 적용되는 상속세율이 30%라고 할 때 이 보험금에서 발생하는 상속세는 얼마인가? 그리고 대책은 없는가? 금융재산공제를 반영해서 계산하면?

이에 대한 답을 표로 정리하면 다음과 같다.

| 보험금 | 금융재산공제 | 순 금융재산 | 세율 | 상속세 |
|--------|-------------|------------|------|--------|
| 10억 원 | 2억 원(한도) | 8억 원 | 30% | 2억 4,000만 원 |

보험금이 상속재산에 포함되면 금융재산공제를 최고 2억 원까지 적용받을 수 있지만, 상속세 부담은 피할 수가 없다. 따라서 당초 계약을 할 때 계약자를 능력이 되는 자녀 등으로 해서 달리 구성하는 것이 대안이 될 수 있다.

# 상속세
# 납부방법

상속세는 상속개시일이 속하는 달의 말일로부터 6개월 이내에 피상속인의 사망 당시 주소지 관할세무서에 신고 및 납부한다. 다음에서는 상속세 납부와 관련된 내용을 알아보자.

## 1. 상속세 납부방법

상속세는 원칙적으로 현금으로 일시에 납부해야 하나 현금이 부족한 경우에는 다음과 같이 다양한 방법으로 상속세를 낼 수 있다.

### 1) 분납
납부할 금액이 1,000만 원을 초과하는 경우 현금을 2회로 나누어 내는 방법이다. 1회는 신고 때, 나머지 1회는 신고기한 경과 후 2개월 이내에 납부할 수 있다.

## 2) 물납

납부할 금액이 2,000만 원을 초과하는 경우 현금 대신 부동산이나 주식 등의 물건으로 납부할 수 있는 제도를 말한다.

▶ 이 제도는 부동산 등을 시세대로 평가받지 못한다는 단점이 있다.

## 3) 연부연납

납부할 금액이 2,000만 원을 초과하는 경우 연 단위로 나누어 납부할 수 있는 제도를 말한다. 통상 11회로 나누어 10회*를 연부연납할 수 있다. 연부연납한 금액에 대해서는 가산금이 부과된다(가산율 : 3.5%).

* 11회 중 1회는 상속세 신고 때 납부를 한다. 나머지 10회는 연간 1회로 납부할 수 있다.

▶ 연부연납을 신청한 금액에 대해서는 3.5% 정도의 가산금을 내야 함에 유의해야 한다.

## 2. 적용 사례

K 씨는 다음과 같은 재산을 보유하고 있다.

> **자료**
> • 현재 나이 : 65세
> • 가족 현황 : 배우자 58세, 분가한 자녀 2명
> • 현재 소유한 부동산 : 주택 등 30억 원
> • 기타 재산 : 2억 원

**Q1.** 예상 상속재산가액은 얼마인가?

상속재산가액은 상속개시일 당시의 시가로 평가한 금액을 말한다. 따라서 주택과 기타 재산을 합하면 32억 원으로 예상된다. 참고로 10년 전에 증여한 재산은 상속재산에 포함되지 않는 것이 원칙이다.

**Q2.** 이 재산가액 상태에서 예상 상속세는 얼마인가?

위와 같은 자료를 토대로 상속세를 예측해보자. 상속세 공제액은 배우자상속공제와 일괄공제를 합한 10억 원이 가능하다고 하자. 그리고 이 상속재산은 물가상승 등의 영향을 받지 않는다고 가정하자.

- 상속세 과세표준 : 32억 원-10억 원=22억 원
- 상속세 산출세액 : 22억 원×상속세 세율(10~50%)=22억 원×40%-1억 6,000만 원(누진공제)=7억 2,000만 원

**Q3.** 만일 10년 이후에 재산가액이 50억 원으로 증가할 것으로 예상하는 경우의 상속세는?

이 경우 상속세 예상액은 다음과 같다.

- 상속세 과세표준 : 50억 원-10억 원=40억 원
- 상속세 산출세액 : 40억 원×상속세 세율(10~50%)=40억 원×50%-4억 6,000만 원(누진공제)=15억 4,000만 원

▶ 부동산의 경우 이러한 원리에 따라 사전증여의 필요성이 발생할 수 있다.

**Q4.** K 씨의 자산은 극단적으로 부동산에 몰려 있다. 보험마케팅은 어떤 식으로 추진하면 좋을까?

상속세 납부 재원은 사망 시 보험금을 많이 수령할 수 있는 보장성보험이 안성맞춤이다. 수령한 사망보험금으로 상속세를 내기 때문이다. 그런데 상속에 의한 보험금이 상속재산에 포함되지 않으려면 다음과 같은 형식으로 계약하는 것이 필요하다(다음은 예시).

| 계약자 | 피보험자 | 수익자 |
|--------|----------|--------|
| 자녀 | 부 | 자녀 |

이렇게 가입해두면 상속세와 증여세 문제는 없다. 다만, 계약자가 부(父)의 재산으로 보험료를 납입했다면 이는 실질과세원칙에 의해 부(아버지)의 유산으로 보아 상속세가 과세될 수 있음은 별개의 문제다.*

* 이에 대한 좀 더 자세한 내용은 바로 다음에서 알아보자.

# 종신보험으로 상속세 납부를
# 대비하는 방법

상속세 납부는 현금납부가 원칙이나 현금이 미리 준비되지 않으면 어려움을 맞이할 가능성이 크다. 따라서 일찌감치 상속세 납부 재원으로 종신보험이 추천되곤 했다. 어떤 원리로 종신보험이 추천되고 있는지 다음에서 살펴보자.

## 1. 종신보험과 상속세 대비법

상속세는 원칙적으로 현금으로 납부해야 하나 사전에 준비가 되어 있지 않으면 부동산을 처분하거나 부동산으로 세금을 납부해야 하는 상황에 몰릴 수 있다. 그렇게 되면 상속재산을 온전히 지켜내기가 힘들다. 따라서 이러한 상황에서 종신보험이 추천됐다. 그런데 사망보험금이 상속재산에 포함되면 상속세가 오히려 증가할 수 있다. 예를 들어 보험금 5억 원이 상속재산에 포함되는 경우 추가로 예상되는 상속세는 다음과 같다(세율 40% 가정).

- 종신보험 가입에 따라 사망보험금 수령으로 추가되는 상속세 예상액
  : (보험금 5억 원-금융재산공제 1억 원*)×세율 40%=1억 6,000만 원

* 금융재산공제 : 5억 원×20%

결국, 종신보험이 상속세 납부 재원으로 사용될 수는 있지만, 세금으로 인해 그 효과가 반감될 가능성이 크다. 그래서 사망보험금이 상속재산에 포함되지 않도록 하는 계약이 되어야 한다. 이에 대한 답은 앞에서 많이 본 것처럼 계약자와 피보험자를 다르게 구성하는 것이 필요하다. 물론 여기서 계약자는 보험료를 납입할 수 있는 능력이 있어야 한다.

### ※ 상속세 과세를 피하는 보험 계약형태

| 계약자 | 피보험자 | 수익자 |
|---|---|---|
| 자녀1<br>자녀2<br>배우자 | 부 | 법정상속인 |

## 2. 적용 사례

K 씨 가족은 배우자와 자녀 2명이다. 그는 현재 주택 등 부동산 25억 원, 기타 2억 원 정도를 보유하고 있다. K 씨는 향후 상속세 납부를 대비할 겸 종신보험에 가입하려고 한다.

**Q1.** 상속세는 얼마가 나올까? 그리고 종신보험은 어떤 식으로 설계해야 할까? 단, 상속세 공제액은 배우자상속공제와 일괄공제인 10억 원이 가능하다고 하자. 그리고 이 상속재산은 물가상승 등의 영향은 받지 않는다고 가정하자.

위의 물음에 따라 답을 순차적으로 찾아보자.

- 상속세 과세표준 : 27억 원-10억 원=17억 원
- 상속세 산출세액 : 17억 원×상속세 세율(10~50%)=17억 원×40%(누진공제 1억 6,000만 원)=5억 2,000만 원

이에 대해서는 보험회사에서 제시한 제안에 따라 보험료를 책정하면 된다. 편의상 가입금액을 5억 원, 10억 원으로 해서 나이 대에 맞는 월 보험료 납입금액을 예시해보면 다음과 같다. 이에 대한 시뮬레이션은 파인 사이트(fine.fss.or.kr, 금융감독원 운영) 등을 통해서도 할 수 있다.

(단위 : 원)

| 나이 | 납입 기간 가입금액 | 10년 | 15년 | 20년 |
|---|---|---|---|---|
| 40세 | 5억 원 | 1,585,000 | 1,135,000 | 945,000 |
| | 10억 원 | 3,170,000 | 2,270,000 | 1,890,000 |
| 45세 | 5억 원 | 1,915,000 | 1,375,000 | 1,155,000 |
| | 10억 원 | 3,830,000 | 2,750,000 | 2,310,000 |
| 50세 | 5억 원 | 2,315,000 | 1,675,000 | 1,415,000 |
| | 10억 원 | 4,630,000 | 3,350,000 | 2,830,000 |
| 55세 | 5억 원 | 2,795,000 | 2,050,000 | 1,750,000 |
| | 10억 원 | 5,590,000 | 4,090,000 | 3,500,000 |

**Q2.** 보험금에 대한 상속세 과세가 부담스러운 K 씨를 위해 종신보험 가입 컨설팅을 어떤 식으로 하는 것이 좋을까?

보험료를 내는 사람과 보험금을 받는 사람을 같게 지정하는 것이 좋다. 따라서 다음과 같은 안을 추진할 수 있다.

1. 계약자를 수입이 있는 자녀로 하고, 사망 시 수익자도 자녀로 한다.
2. 자녀가 수입이 없을 경우 일정 금액을 자녀에게 증여한 후 자녀를 계약자로 하고 수익자도 자녀로 한다.

---

**T¡p** **부부 교차 종신보험**

부부가 모두 소득이 있는 경우 피보험자를 남편과 부인으로 각각 정한 후, 계약자와 수익자를 남편 또는 부인으로 하는 2건의 계약을 말한다. 이렇게 해두면 부부 중 한 명이 먼저 사망하더라도 남은 배우자가 상속세 없이 사망보험금을 수령할 수 있다.

상속이 발생하면 먼저 상속인의 범위를 잘 가려낼 수 있어야 한다. 이를 잘 모르거나 상속재산을 분배받는 방법을 모를 경우 상속을 쉽게 포기할 때도 있고 재산분쟁이 발생했을 때 불리한 위치에 놓일 수도 있기 때문이다. 사례를 통해 이 부분에 대해 알아보자.

**① 서울에 사는 P 씨는 다음과 같이 계약을 체결했다. 이 경우 보험금은 누가 수령할까? 단, P 씨의 주요 가족에는 부모, 배우자, 자녀 1명이 있다.**

자료

| 계약자 | 피보험자 | 수익자 |
|---|---|---|
| P 씨 | P 씨 | 법정상속인 |

이 문제를 해결하기 위해서는 민법에서 정하고 있는 상속순위제도에 대해 알고 있어야 한다. 민법에서는 다음과 같이 상속순위를 정하고 있다.

- 1순위 : 배우자와 피상속인의 직계비속(자녀)
- 2순위 : 배우자와 피상속인의 직계존속
- 3순위 : 피상속인의 형제자매
- 4순위 : 피상속인의 4촌 이내의 방계혈족

따라서 P 씨가 사망한 경우 해당 보험금은 그의 배우자와 자녀에게 상속된다.

**2** 서울 성동구에 거주하고 있는 K 씨가 사망했다. 그의 유족으로는 배우자와 자녀 A, B, C가 있다. 그런데 자녀 C가 K 씨보다 먼저 사망했다. 자녀 C의 유족에는 그의 배우자 D와 자녀 E가 있다. K 씨의 유산이 4억 5,000만 원이라면 상속인들의 법정상속분은 얼마가 되는가?

물음에 따라 상속인들의 법정 상속지분을 계산하면 다음과 같다.

| 상속인 | 당초 지분 | 대습상속 | 금액 |
|---|---|---|---|
| 배우자* | 1.5/4.5 | – | 1억 5,000만 원 |
| 자녀 A | 1/4.5 | – | 1억 원 |
| 자녀 B | 1/4.5 | – | 1억 원 |
| 자녀 C | 1/4.5 | D : 1/4.5×1.5/2.5<br>E : 1/4.5×1/2.5 | D : 6,000만 원<br>E : 4,000만 원 |
| 계 | 1.5/4.5 | | 4억 5,000만 원 |

\* 배우자의 법정 상속지분은 1.5, 자녀는 1이다.

**3** 상속재산이 10억 원이고 상속인은 자녀 2명인 경우 자녀 1인의 유류분권은 얼마나 될까?

유류분권은 본인의 법정 상속지분의 1/2(단, 피상속인의 직계존속은 1/3)을 받을 수 있는 권리다. 현행 민법에서 유류분권은 상속인 중 직계비속, 배우자, 직계존속만 인정된다. 이는 구체적으로 다음과 같이 계산한다.

• 유류분 산정을 위한 기초가액=상속재산(유산)+증여재산가액-채무액
　=10억 원+0원-0원=10억 원
• 유류분=법정 상속지분 가액(=10억 원×1/2)×유류분(법정 상속지분 가액×1/2)
　=5억 원×1/2=2억 5,000만 원

**4** 인천시에 사는 T 씨는 본인을 피보험자로 하는 보험에서 나온 보험금을 모두 큰딸에게 물려주고 싶어 한다. 어떤 식으로 계약을 체결해야 하는가?

보험금이 유류분 청구대상에서 제외되기 위해서는 수익자를 특정인으로 정하면 된다. 이렇게 하면 특정인의 고유재산에 해당하고, 그에 따라 유류분청구대상이 되지 않기 때문이다. 다만, 이때 계약형태에 따라 상속세와 증여세가 나올 수 있으므로 다음과 같이 계약형태를 정하도록 한다.

| 구분 | 계약자 | 피보험자 | 수익자 |
|------|--------|----------|--------|
| 보험금을 포함해서 T 씨의 재산이 10억 원 이하인 경우 | T 씨 | T 씨 | 큰딸 |
| 10억 원을 초과하는 경우 | 큰딸 | T 씨 | 큰딸 |

**Tip**　세금 체납과 상속 보험금 압류의 관계

납세의무자가 세금을 체납하면 과세관청은 체납자의 재산을 압류하게 된다. 하지만 소액금융자산 등에 대해서는 국세징수법 제41조 제18호 등에서 압류금지를 하도록 하고 있다.

1. 사망보험금 중 1,500만 원 이하의 보험금
2. 상해·질병·사고 등을 원인으로 체납자가 지급받는 보상성보험의 보험금 중 다음 각 목에 해당하는 보험금
   가. 진료비, 치료비, 수술비, 입원비, 약제비 등 치료 및 장애 회복을 위해 실제 지출되는 비용을 보장하기 위한 보험금
   나. 치료 및 장애 회복을 위한 보험금 중 가목에 해당하는 보험금을 제외한 보험금의 2분의 1에 해당하는 금액
3. 보장성보험의 해지 환급금 중 250만 원 이하의 금액
4. 보장성보험의 만기환급금 중 250만 원 이하의 금액

# 제8장

542

영리법인 :
보험비용처리법에
능숙하라!

# 법인보험과
# 세무상 쟁점

원래 보험은 개인이 가입하는 경우가 많지만, 그에 못지않게 법인이 계약자가 되는 경우도 많다.

이제 마지막 주제로 법인의 보험에 대한 세무상 쟁점에 대해 알아보자.

## 1. 법인보험과 세무상 쟁점

법인보험과 관련해서는 다음과 같은 세무상 쟁점들이 발생한다.

- 법인이 보험료를 지출하면 비용으로 처리할까? 자산으로 처리할까?
- 비용으로 처리한다면 세법상 손금으로 모두 인정되는가?
- 보험료 지출액이 임직원의 근로소득에 해당할 수 있는가?
- 보험금이 입금되었을 때 법인세가 과세되는가?
- 수령한 보험금을 개인에게 지급할 때 소득세가 발생하는가?
- 어떻게 해야 법인이 보험 가입에 따른 실익을 극대화할 것인가?

▶ 이 외에도 법인과 관련된 보험마케팅을 할 때 부닥치는 세무상 쟁점은 상당히 다양할 수 있다.

## 2. 적용 사례

다음 자료를 보고 물음에 답해보자.

> **자료**
>
> • 결산서상 당기순이익 : 5억 원
> • 접대비 한도 초과액 : 1억 원
> • 소득공제액 : 1,000만 원

**Q1.** 개인사업자와 법인의 산출세액을 비교하면? 단, 개인사업자는 6~45%, 법인은 9~24%를 적용한다.

| 구분 | | 개인사업자 | 법인 |
|---|---|---|---|
| 결산서상 당기순이익 | | 5억 원 | 5억 원 |
| ±세무조정 | 익금산입·손금불산입 (개인은 총수입금액산입 및 필요경비 불산입) | 1억 원 | 1억 원 |
| | 손금산입·익금불산입(개인은 필요경비산입·총수입금액 불산입) | | |
| =각 사업연도 소득금액 -이월결손금 등(개인은 소득공제 포함) | | 6억 원 1,000만 원 | 6억 원 – |
| =과세표준 ×세율 -누진공제 | | 5억 9,000만 원 42% 3,594만 원 | 6억 원 19% 2,000만 원 |
| =산출세액 | | 2억 1,186만 원 | 9,400만 원 |

**Q2.** 접대비 한도 초과액은 왜 당기순이익에 합산하는가?

결산서상 당기순이익에 접대비가 과다하게 반영되어 당기순이익을 줄이는 한편, 법인세 등이 적게 나오므로 이를 제거해서 법인세 등을 정상적으로 과세하기 위한 취지가 있다.

**Q3.** 2025년부터 소규모 성실신고확인대상 법인에 대해서는 법인세가 19~24%로 인상될 것으로 보인다. 이 경우 법인세는 얼마나 예상되는가?

6억 원에 대해 19%*가 적용되면 1억 1,400만 원이 된다.

\* 자세한 세율은 1장을 참조하기 바란다.

**Q4.** 개인사업자와 법인은 세후 이익을 마음대로 사용해도 되는가?

개인사업자는 제한이 없고, 법인은 사내에 유보를 해두었다가 자본금으로 전입하거나 주주에 대한 배당 재원 등으로 사용할 수 있다.*

\* 법인에 대한 마케팅을 위해서는 기본적으로 회계와 재무제표 지식 그리고 법인세 및 개인소득세 그리고 상속세와 증여세 등에 대한 세무지식이 필요하다. 이에 대한 정보가 필요하다면 저자의 다른 책들을 참조하기 바란다. 몇 가지만 소개하면 다음과 같다.

- 회계와 재무제표에 관한 것→《기업회계 실무 가이드북》
- 법인설립 및 운영에 관한 것→《가족법인 이렇게 운영하라!》
- 개인 상속과 증여에 관한 것→《상속·증여 세무 가이드북(실전 편)》
- 법인의 상속과 증여에 관한 것→《가족 간 상속·증여 영리법인으로 하라!》

| **Tip** | **개인과 법인의 보험 세제 요약·비교** | |
|---|---|---|
| **구분** | **개인** | **법인** |
| 보장성보험 | · 세액공제<br>· 상속세와 증여세 | · 비용처리<br>· 법인세 과세 |
| 저축성보험 | · 이자소득 비과세<br>· 이자소득 과세 | 법인세 과세 |
| 연금저축보험 | · 세액공제<br>· 연금소득세 과세 | 해당 사항 없음. |
| 임직원 퇴직연금 | 비용처리(개인사업자에 한함) | 비용처리 |

# 법인의 보험료 지출과
# 자산 및 비용의 구분

법인이 지출한 보험료는 회계처리를 통해 장부에 반영되어야 한다. 따라서 해당 보험료는 자산이 아니면 비용으로 처리될 수밖에 없다. 다음에서 이에 대해 알아보자.

## 1. 법인의 보험료 지출과 비용처리

### 1) 자산과 비용의 구분

법인이 지출한 보험료 중 적립보험료는 자산으로, 그 외 소멸성보험료는 당기의 비용으로 저리하는 것이 원칙이다.

### ※ 장기손해보험 계약에 관련된 보험료의 손금산입 범위
#### (법인법 기본통칙 19-19…9)

보험기간 만료 후에 만기반환금을 지급하겠다는 뜻의 약정이 있는 손해보험에 대한 보험료를 지급한 경우에는 그 지급한 보험료액 가운데 적립보험료에 상당하는 부분의 금액은 자산으로 하고, 기타 부분의 금액은 이를 기간의 경과에 따라 손금에 산입한다.

▶ 법인의 보험료 중 자산과 비용을 구분하기 힘든 경우에는 반드시 보험회사를 통해 적립보험료와 그 외 보험료를 구분한 표를 받아 회계처리를 하자.*

* 자의적으로 회계처리를 하면 재무제표와 법인세 신고 시 왜곡 현상이 발생한다.

### 2) 보장성보험료

법인이 지출한 보장성보험료를 전액 비용처리하기 위한 요건은 다음과 같다.

- 사전에 해지 환급금을 산정할 수 없을 것
- 만기환급금이 없을 것
- 전기납(만기까지 납부) 형태의 계약일 것

### ※ 서면법인 2018-1779, 2018. 07. 18

피보험자인 대표이사의 퇴직기한이 정해지지 않아 사전에 해지 환급금을 산정할 수 없어 만기환급금에 상당하는 보험료 상당액이 없는 경우에는 내국법인이 납입한 해당 보험료를 보험기간의 경과에 따라 손금에 포함하는 것이며, 상기 보장성보험의 해지로 지급받는 해지 환급금은 해지일이 속하는 사업연도의 소득금액 계산 시 익금에 포함하는 것임.

### 3) 저축성보험료

저축성보험은 적립보험료를 사전에 알 수 있으므로 이 부분은 자산, 나머지는 비용으로 처리한다. 만일 이러한 회계처리에서 오류가 발생하면  세무에도 영향을 준다. 이에 대해서는 이 장의 절세 탐구1을 참조하기 바란다.

## ※ 법인의 보장성보험과 저축성보험에 대한 자산과 손금(비용)의 구분

| 구분 | | 자산 | 손금(비용) |
|---|---|---|---|
| 보장성보험 | 정기보험(만기환급금 0원) | – | 전액 |
| | 종신보험(만기가 없음) | 적립보험료, 해지 환급금* | 나머지 |
| 저축성보험 | | 적립보험료 | 소멸성보험료 |

\* 법인이 가입한 정기보험은 전액 비용처리가 되나, 종신보험은 그렇지 않다. 후자에 대한 자세한 내용은 예규(법규법인 2013-397, 2013.10. 24 등)를 참조하기 바란다.


## 2. 적용 사례

**1** K 법인은 다음과 같이 대표이사를 피보험자로 하는 보장성보험에 가입했다.

> **자료**
>
> ① 보험명 : ○○생명 무배당 경영인 정기보험
> ② 계약자와 수익자 : 법인
> ③ 피보험자 : 대표이사
> ④ 보험기간 : 85세 만기, 납입 기간 : 40년(월 보험료 200만 원)
> ⑤ 사망보험금 : 피보험자가 보험기간 중 사망했을 때 보험금(3억 원)
> ⑥ 만기환급금은 없으나, 중도해지 시에는 해지 환급금이 있음.
> (참고 : 피보험자인 대표이사의 퇴직기인이 정해지지 않아 사전에 해지 환급금을 산정할 수 없어 만기환급금이 없음)

**Q1.** 사례의 보장성보험료는 전액 비용처리가 되는가?

그렇다. 앞의 자료상에 나와 있는 대로 사전에 해지환급을 산정할 수 없어 만기환급금이 없는 경우에는 기간의 경과\*에 따라 손금해서 산입한다.

\* 보험기간에 맞춰 보험료를 비용으로 처리하라는 뜻이다.

**Q2.** 만일, 이 보험에 가입한 후 중도에 해지했다고 하자. 이때 해지 환급금이 나올 수 있다. 물론 납입한 원금에는 미달한다. 이 경우 해지 환급금은 법인의 익금에 해당하는가?

그렇다.

**Q3.** 법인의 대표이사에게 수령한 보험금을 지급하면 해당 퇴직금은 법인의 비용으로 인정되는가?

그렇다. 다만, 법인법상 퇴직금 한도를 초과한 경우에는 이는 비용으로 인정하지 않는 한편, 상여로 처분된다.

**❷** ㈜성장에서는 대표이사인 S 씨를 위해 3년 동안 월 500만 원을 납입하는 계약을 체결했다. 이 보험은 저축성보험에 해당한다. 실무자는 이에 대해 모두 자산으로 처리했다. 이 회사의 담당 팀장은 보험회사를 통해 저축성보험료의 10%는 소멸성보험료*에 해당함을 알았다. 이 경우 재무제표는 어떤 식으로 변경되어야 하는가?

\* 사업비+위험료 등을 말한다.

만기환급금으로 적립되는 보험료는 자산으로, 그리고 만기환급금에 이바지하지 않고 소멸하는 보험료는 해당 연도의 비용으로 처리한다. 따라서 이에 대한 올바른 회계처리는 다음과 같다.

(차변) 장기보험상품 4,500,000　(대변) 현금 5,000,000
　　　보험료　　　　 500,000

그 결과 재무상태표와 손익계산서상의 표시는 다음과 같이 변경된다.

| 〈변경 전 재무상태표〉 | | → | 〈변경 후 재무상태표〉 | |
|---|---|---|---|---|

| 자산 | 부채 |
|---|---|
| 장기보험상품 5,000,000 | 자본 |

| 자산 | 부채 |
|---|---|
| 장기보험상품 4,500,000 | 자본 |

| 〈변경 전 손익계산서〉 | | → | 〈변경 후 손익계산서〉 | |
|---|---|---|---|---|

| 수익 | |
|---|---|
| 비용 보험료 | 0원 |
| 이익 | |

| 수익 | |
|---|---|
| 비용 보험료 | 500,000 |
| 이익 | |

앞의 내용으로 보건대 보험에 대한 회계처리는 기업의 재무제표에 영향을 주고 법인세에도 영향을 주게 되므로 기업과 자산관리자 모두 이에 관심을 가질 필요가 있다.

---

**Tip**  **법인의 보장성보험과 저축성보험에 대한 세무처리법**

### ① 보장성보험료

법인이 임원이나 종업원을 위해서 보장성보험료를 지출하는 경우의 세무문제는 다음과 같다.

| 계약자 | 피보험자 | 수익자 | 세무회계 |
|---|---|---|---|
| 법인 | 종업원 | 법인 | · 비용인정<br>· 근로소득세 비과세 |
| | | 종업원 (가족 포함) | · 비용인정<br>· 종신보험료는 근로소득세 과세<br>· 단체 순수보장성보험은 근로소득세 비과세<br>· 단체 환급부 보장성보험은 70만 원 한도 내에서만 비과세 |

| 계약자 | 피보험자 | 수익자 | 세무회계 | |
|---|---|---|---|---|
| | | | 법인 | 개인(종업원 또는 임원) |
| 법인 | 임원 | 법인* | · 보장보험료 : 비용<br>· 보험금 수령 시 법인세 과세 | |
| | | 임원<br>(법정상속<br>인 포함) | · 비용인정(단, 임원급여 지급기준 초과 금액은 손금불산입)<br>· 근로소득세 과세원칙 | |

\* 법인이 수익자가 되면 세무상 쟁점들이 거의 없다.

## ② 저축성보험

법인이 저축성보험료를 지출하는 경우의 세무문제는 다음과 같다.

| 계약자 | 피보험자 | 수익자 | 세무회계 | |
|---|---|---|---|---|
| | | | 법인 | 개인(종업원 또는 임원) |
| 법인 | 종업원 | 법인 | 이러한 유형은 실무적으로 찾아보기 힘들다. | |
| | | 종업원 | | |
| | 임원 | 법인* | ·보험료 지출 :<br>적립보험료는 자산<br>·보험금 수령 :<br>보험차익은 수익<br>·보험금 지급 :<br>손금(한도 초과분은 손금불<br>산입) | ·보험료 지출분 :<br>근로소득과 무관<br>·보험금 지급분 :<br>근로소득 또는 퇴직소득<br>에 해당 |
| | | 임원 | 보험료 지출 :<br>손금(단, 급여초과분은 손금<br>부인) | ·보험료 지출분 :<br>근로소득에 해당<br>·보험금 지급분 :<br>근로소득과 무관(∵ 보험<br>료지출 시 근로소득으로 과<br>세했음) |

\* 법인이 수익자가 되면 세무상 쟁점들이 거의 없다.

# 보험료 지출액과
# 임직원 근로소득과의 관계

법인이 지출한 보험료는 다양하게 발생한다. 일터에서 다친 사람들을 보호하기 위한 보험도 있을 수 있고, 건물이나 기계장치의 보호를 위해 화재보험에 가입할 수도 있다. 이 외에도 임원을 위해 종신보험 등을 지출할 수 있다. 그렇다면 이러한 보험 중에서 사람을 위해 지출하는 보험료가 과연 개인의 소득을 형성하는지에 대해 살펴보자.

## 1. 법인의 보험료 지출과 근로소득의 관계

법인이 지출한 보험료가 근로소득을 형성하는지는 다음과 같은 절차를 밟으면 이에 관한 판단이 쉬워진다.

첫째, 종업원이 수익자로 지정된 경우에는 세법에서 정한 기준을 충족하는지 검토하면 된다. 종업원을 위해 가입되는 단체 순수보장성 보험료는 70만 원을 초과하지 않으면 근로소득과 무관하다(단, 특정한 개인을 위해 가입한 경우에는 근로소득에 해당한다).

| 근로소득에 해당하는 경우 | 근로소득에서 제외되는 경우 |
|---|---|
| · 종업원이 계약자거나 종업원 또는 배우자 기타의 가족을 수익자로 하는 보험과 관련해서 사용자가 부담하는 보험료 등<br>· 단체 환급부 보장성보험의 환급금 등 | · 단체 순수보장성보험료와 단체 환급부 보장성보험료의 합계액 중 70만 원 이하의 금액<br>· 임직원의 고의(중과실 포함)가 아닌 업무상 행위로 인한 손해배상보험의 보험료 등 |

둘째, 임원이 수익자로 지정된 경우에는 모두 근로소득으로 보는 것이 원칙이다. 다만, 이때 급여지급기준을 초과한 보험료는 법인과 개인에게 다음과 같은 불이익을 주게 된다.

| 법인 | 개인(임원) |
|---|---|
| · 한도 내 지급분 : 비용인정→법인세 감소<br>· 한도 초과지급분 : 비용부인→법인세 과세 | · 보험료 전액→근로소득으로 과세<br>· 한도 초과지급분→근로소득으로 과세 |

이렇게 법인과 개인에게 불이익을 주는 이유는 임원은 자의적으로 법인의 자산을 유출할 수 있기 때문이다.

## 2. 적용 사례

**1** 잘나가㈜에서 다음과 같이 계약을 체결했다. 보험료는 종업원 1인당 약 5만 원 정도가 된다. 세법상 어떤 문제가 있는가?

자료

| 계약자 | 피보험자 | 수익자 | 비고 |
|---|---|---|---|
| 법인 | 종업원 | 종업원 | 보험 종류 : 단체 보장성보험 |

이 사례의 경우 세법상 아무런 문제가 없다. 법인은 경비가 100% 인정되고, 1인당 70만 원 이내에서 지출된 단체 보장성보험료는 전액 비과세되는 근로소득에 해당하기 때문이다.

**②** ㈜파주에서는 종업원을 위해 단체 보장성보험에 가입했다. 1인당 보험료는 월 5만 원, 전체는 100만 원 정도가 된다. 그런데 회사 사장은 수익자를 개인이 아닌 법인으로 하면 절세효과가 더 크다는 얘기를 들었다. 1,000만 원의 보험금이 발생한 경우를 가정할 때 이 회사 사장의 얘기가 타당한지 분석하면?

수익자가 누구인지에 따라 ㈜파주의 회계처리는 다음과 같이 구분된다.

| 수익자 | 보험료 지출 시 | 보험금 수령 시 | 보험금 지급 시 |
|---|---|---|---|
| 개인인 경우 | 비용 : 100만 원 | – | – |
| 법인인 경우 | 상동 | 수익 : 1,000만 원 | 비용 : 1,000만 원 |

일단 이 회사 사장의 얘기는 옳지 않다. 수익자가 개인이든 법인이든 재무제표와 법인세에 미치는 영향은 같기 때문이다. 다만, 둘 중 개인이 수익자로 지정된 경우가 회계처리도 간편하고, 개인이 직접 수령하게 되므로 개인으로서는 더 동기부여가 될 수 있는 장점이 있다. 따라서 대부분 종업원이 수익자로 지정되어 있다.

**③** ㈜신창에서는 이번에 다음과 같이 계약을 체결했다. 이 계약이 법인과 개인에 미치는 영향을 파악하면?

① 화재보험료(계약 기간 20×7. 1. 1.~12. 31) : 1억 원
② 단체 보장성보험료 : 월 1억 원(종업원 1,000명, 개인당 연간 100만 원 납입)
③ 대표이사 종신보험료 : 월 100만 원

앞의 물음에 대해 순차적으로 답을 찾아보면 다음과 같다.

①의 경우에는 비용으로 전액* 인정되고 개인의 소득과 무관하므로 법인과 개인에 미치는 영향은 없다.

  * 단, 적립보험료는 자산으로 처리해야 한다.

②의 경우에는 비용으로 전액 인정되므로 법인에게는 문제가 없으나, 개인의 경우에는 1인당 70만 원을 초과한 금액 30만 원은 근로소득으로 보아 소득세가 과세된다.

▶ 종업원에 대한 보험료 지출은 과세의 문제가 거의 없다.

③의 경우에는 임원급여지급기준을 초과한 금액에 해당하면 이를 비용으로 인정하지 않는 한편, 초과지급분을 대표이사의 상여로 보아 소득세를 과세한다.

▶ 임원에 대한 보험료 지출은 과세의 문제가 있다.

## ※ 근로소득세에서 제외되기 위한 전략

지출한 보험료가 개인의 소득에서 제외되기 위해서는 다음과 같이 해야 한다.

### 1. 종업원

종업원은 세법상 인정되는 단체 순수보장성보험에 가입하면 된다. 1인당 연간 70만 원 한도 내에서는 소득세가 비과세된다.

### 2. 임원

임원은 보험 종류를 불문하고 수익자를 법인으로 해두면 큰 문제가 없다. 다만, 법인이 수령한 보험금을 임원에게 퇴직금 등으로 지급할 때 규정을 벗어나면 경비부인이 되어 법인세나 근로소득세 등이 증가할 수 있으므로 급여 등에 대한 지급규정을 손질해둬야 한다. 이에 대한 자세한 내용은 바로 뒤에서 살펴본다.

# 보험금 임직원 지급 시
# 세무처리법

법인이 수령한 보험금을 임직원에게 지급 시 이에 대한 세무문제에서는 주로 소득세가 과세되는지 그리고 상속세가 과세되는지의 여부가 중요하다. 다음에서 이에 대해 정리해보자.

## 1. 보험금 수령과 세무처리법

### 1) 법인에 입금 시

보장성보험에서 발생한 보험금이나 저축성보험에서 발생한 보험차익이 입금되면, 이에 대해서는 법인의 익금으로 본다. 따라서 이들 모두는 법인세 과세대상이 된다.

### 2) 임직원에게 지급 시

법인이 수령한 보험금을 임직원에게 지급 시 소득세가 부과될 수도 있고 상속세가 부과될 수도 있다. 이 경우 과세판단은 다음과 같이 한다.

첫째, 소득세는 업무와 관련 있다면 임직원(대표이사 포함)을 불문하고 비과세 처리된다(소득법 제12조). 하지만 업무와 관련이 없이 지급되는 보험금에 대해서는 소득세가 과세되는 것이 원칙이다(법인 46013-1814, 1996. 6. 24).

### ※ 관련 규정 : 소득법 제12조

다음 소득에 대해서는 근로소득이나 퇴직소득에 대한 소득세를 과세하지 아니한다.

- 산업재해보상보험법에 따라 수급권자가 받는 요양급여, 휴업급여, 장해급여, 간병급여, 유족급여, 또는 근로의 제공으로 인한 부상·질병·사망과 관련하여 근로자나 그 유족이 받는 배상·보상 또는 위자(慰藉)의 성질이 있는 급여
- 근로기준법에 따라 근로자와 그 유족이 받는 요양보상금, 장해보상금, 유족보상금

둘째, 상속세 또한 업무와 관련 있다면 상속재산에서 제외되는 것이 원칙이다(상증법 제10조). 다만, 임원의 경우 업무와 관련성이 있더라도 과세하는 것이 원칙이다.

### ※ 관련 규정 : 상증법 제10조

(원칙) 피상속인에게 지급될 퇴직금, 퇴직수당, 공로금, 연금 또는 이와 유사한 것이 피상속인의 사망으로 인하여 지급되는 경우 그 금액은 상속재산으로 본다.

(예외) 다만, 다음 각호의 어느 하나에 해당하는 것은 상속재산으로 보지 아니한다.

- 국민연금법 등에 따라 지급되는 유족연금 또는 사망으로 인하여 지급되는 반환일시금

- 산업재해보상보험법에 따라 지급되는 유족보상연금
- 근로자의 업무상 사망으로 인하여 근로기준법 등을 준용하여 사업자가 그 근로자의 유족에게 지급하는 유족보상금 또는 재해보상금과 그 밖에 이와 유사한 것

## 2. 적용 사례

**1** ㈜정의에서는 다음과 같이 보장성보험 계약을 체결했다. 이러한 상황에서 보험금 1억 원을 수령한다면 회사는 어떻게 회계처리를 해야 할까?

**자료**

| 계약자 | 피보험자 | 수익자 |
|--------|----------|--------|
| 법인 | 개인 | ① 개인<br>② 법인 |

①개인이 수익자면 보험료 지출 시에 소득처리가 되었으므로 수령한 보험금은 개인의 몫에 해당한다. 따라서 법인에서는 회계처리를 할 필요가 없다. 하지만 ②법인이 수익자면 보험금이 회사의 자산을 이루게 되므로 이에 대한 회계처리가 되어야 한다.

- 보험금 입금 시
(차변) 현금 ××× (대변) 보험 수익 ×××
- 보험금 지급 시
(차변) 복리후생비 등* ××× (대변) 현금 ×××

\* 이처럼 회사에서 보험금이 지급될 때 손금 인정 여부 및 개인의 소득세 등에 대해 검토해야 한다.

**2** A 회사는 대표이사를 피보험자로 하는 정기보험(경영인정기보험)에 가입했다. 보험료를 계속 내던 중에 대표이사가 사망하는 일이 벌어졌다. 이때 수령한 보험금이 무려 10억 원이 되었다. 이 보험금을 대표이사의 유족에게 지급하고자 하는데 법인과 개인의 세무문제는 어떻게 될까?

먼저 법인으로서 회계처리방법을 알아보면 다음과 같다.

| 구분 | 회계처리 | 비고 |
|------|----------|------|
| ① 보험금 수령 시 | (차변) 현금 10억 원<br>(대변) 보험 수익 10억 원 | |
| ② 보험금 지급 시 | (차변) 복리후생비 10억 원<br>(대변) 현금 10억 원 | 소득세, 상속세 검토 |

법인의 측면에서 보면 수익과 비용이 동시에 발생했으므로 이익에 미치는 영향은 없다. 따라서 법인세와는 아무런 관련이 없다. 그런데 대표이사의 개인 세금에는 영향이 있을 수 있다. 여기서 세금문제는 소득세와 상속세다. 먼저 소득세의 경우 업무와의 관련성이 있다면 비과세 처리가 된다. 다음으로 상속세의 경우 임원에 대해서는 과세되는 것이 원칙이다. 이에 대한 근거는 아래의 Tip을 참조하기 바란다.

---

**Tip** 　**업무와 관련된 보험금은 임원의 상속재산에 포함될까?**

대표이사 같은 임원이 업무와 관련해서 사고를 당해 그 유족에게 사망보험금이 지급되는 경우 상속세가 부과될 것인가? 이러한 물음은 실무에서 매우 빈번하게 발생한다. 그 이유는 법이 명확하지 않으며, 과세관청의 입장 또한 명확하지 않기 때문이다. 그렇다면 어떤 식으로 실무에 적용해야 할까? 다음 절차로 이해해보자.

첫째, 상속재산에서 제외되는 범위를 알아야 한다.

앞에서 본 것처럼 사망보험금이 상속재산에서 제외되려면 우선 산업재해보상보험법, 근로기준법 등에 따라 근로자의 유족에게 지급되어야 한다.

둘째, 근로자의 개념에 임원이 포함되는지를 알아야 한다.

소득법에서는 임원에게 혜택을 주기 위해 근로자의 개념에 임원도 포함하고 있다(소득법 기본통칙 12-0…1). 하지만 상증법에서는 이러한 규정이 없다. 따라서 문언대로 해석하면 임원의 보험금은 상속재산에 포함된다고 할 수 있다. 하지만 사망보험금에 상속세를 부과하는 것이 과연 옳은가 하는 관점에서 보면 이에 대해 비과세처리를 하는 것도 생각해볼 수 있다. 이렇게 해석이 분분하면 자신 있게 실무처리를 할 수 없게 된다. 따라서 이에 대해서는 과세관청의 유권해석을 받아 처리하는 것이 좋을 것으로 보인다.

▶ 참고로 일부에서는 근로자인 임원의 경우에는 보험금을 상속재산에서 제외할 수 있으나, 임원 중 대표이사는 그렇지 않다는 식의 주장이 있다. 대표이사는 업무집행권이 있어 근로자에 해당하지 않기 때문이라고 한다. 하지만 이러한 해석도 일부의 견해에 지나지 않으므로 이를 믿고 실무처리를 하는 일은 없어야 하겠다.

## T⁴p  사망보험금과 소득세·상속세 과세

| 구분 | | 업무 관련 | | 업무 무관 | |
|---|---|---|---|---|---|
| | | 종업원 | 임원 | 종업원 | 임원 |
| 사망보험금 지급 | 소득세 | 비과세 | 비과세 | 과세 | 과세 |
| | 상속세 | 비과세 | 과세* | 과세 | 과세 |

* 최종적으로 과세관청으로부터 유권해석을 받아 실무처리를 하도록 한다.

## 🪙 절세탐구1      법인의 보험상품에 관한 회계처리사례

법인이 가입하는 보험은 회계 사건에 따라 다양한 효과를 발생시킨다. 다음에서 법인보험에 대한 회계처리에 대해 알아보자.

## 1. 법인보험과 회계처리

법인이 가입하고 있는 보험과 관련해서 발생하는 세무회계 내용을 정리하면 다음과 같다.

| 구분 | 보장성보험 | | 저축성보험 |
|------|-----------|------|-----------|
| | 만기환급○ | 만기환급× | |
| 가입 시 보험료 | 비용처리 원칙<br>(일부는 자산처리) | 비용처리 원칙 | 자산처리 원칙<br>(일부는 비용처리) |
| 결산 시<br>보험금평가차익 | 평가불요 | 좌동 | 좌동 |
| 해지 시 보험 차손 | 손실처리 | 좌동 | 좌동 |
| 보험금 수령 시 | 보험차익 수익 | 보험금 수익처리 | 보험차익 수익처리 |
| 계약 법인에서<br>개인으로 변경* 시 | 급여 또는 퇴직금 처리 | 좌동 | 좌동 |

\* 평가는 '납입액+미수이자'로 평가한다. 단, 정기금은 징기금 평가방법으로 평가해야 한다.

## 2. 적용 사례

**❶** 어떤 기업이 가입한 저축성보험에 대한 자료가 다음과 같다고 할 때 이를 손익계산서 및 재무상태표 그리고 세금 측면에서 검토하면?

① 월납 보험료 : 500만 원

② 결산 시 평가한 금액 : 5,000만 원(납부원금 6,000만 원)

③ 보험금 수령 : 5억 원(납부원금 4억 원)

④ 보험금 지급 : 5억 원을 퇴직금으로 지급

## ① 납입 시점

| 손익계산서 | |
|---|---|
| 수익 | |
| 비용 | |
| 손익 | |

| 재무상태표 | | | |
|---|---|---|---|
| 자산 | ○ | 부채 | |
| | | 자본 | |

| 세금 | |
|---|---|
| 소득세 | |
| 법인세 | |

저축성보험료는 재무상태표의 자산 항목에 기록된다. 자산으로 처리되었으므로 손익계산서와 세금 측면에는 영향이 없다. 단, 소멸성보험료는 비용으로 처리된다. 사례에서 소멸성보험료는 없다고 하자.

〈회계처리〉

(차변) 장기보험상품 500만 원 (대변) 현금 500만 원

▶ 실무적으로 보면 저축성보험료도 적립보험료와 기타 소멸성보험료(보장보험료와 사업비 등의 항목으로 지출되는 보험료)로 나누도록 하고 있으므로 이 둘을 나눠서 계상해야 한다. 하지만 이에 대한 구분 자료는 보험 가입자가 알 수 없으므로 보험회사로부터 받아 회계처리를 하면 될 것이다.

## ② 결산 시점

| 손익계산서 | | | 재무상태표 | | | 세금 | |
|---|---|---|---|---|---|---|---|
| 수익 | | 자산 | ○ | 부채 | | 소득세 | |
| 비용 | | | | 자본 | | 법인세 | |
| 손익 | | | | | | | |

평가차손 1,000만 원이 발생했다. 따라서 원칙적으로 자산은 납부원금누계액인 6,000만 원을 기록하는 것이 아니라 5,000만 원으로 기록하고 평가손실은 손실 등으로 기록해야 한다. 하지만 중소기업의 경우에는 굳이 위와 같이 평가하지 않아도 된다. 세법에서는 평가차손익을 인정하지 않기 때문에 세법에 따라 처리하면 족하기 때문이다.

## ③ 보험금 수령

| 손익계산서 | | | 재무상태표 | | | 세금 | |
|---|---|---|---|---|---|---|---|
| 수익 | | 자산 | | 부채 | | 소득세 | |
| 비용 | | | | 자본 | | 법인세 | ○ |
| 손익 | | | | | | | |

1억 원의 차익이 발생했다. 따라서 1억 원은 기업의 수익에 해당하며, 이에 대해서는 법인세가 과세된다.

〈회계처리〉

(차변) 현금 5억 원 (대변) 장기보험상품 4억 원

보험차익 1억 원

### ④ 보험금 지급

| 손익계산서 | |
|---|---|
| 수익 | |
| 비용 | ○ |
| 손익 | |

| 재무상태표 | | |
|---|---|---|
| 자산 | 부채 | |
| | 자본 | |

| 세금 | |
|---|---|
| 소득세 | ○ |
| 법인세 | ○ |

보험금을 퇴직금 명목으로 지급한 경우에는 일단 손익계산서상 비용으로 처리된다. 이렇게 비용처리가 되면 이에 해당하는 금액은 기업의 소득을 줄이기 때문에 법인세가 줄어든다. 그리고 개인에게 퇴직금을 지급할 때는 지급금액 일부를 원천징수해서 국가 등에 납부해야 한다. 따라서 개인에게는 퇴직소득세가 발생한다.

〈회계처리〉

(차변) 퇴직급여 5억 원 (대변) 현금 등 5억 원

▶ 만일 보험 증권상의 금액을 퇴직금으로 대체하는 경우에는 이에 대해 평가 (퇴직금 지급 시의 시가 즉 '납입금액+미수이자'로 평가하는 것이 원칙임. 단, 연금의 경우에는 정기금 평가, 상속증여-339, 2013. 7. 9 등)를 해야 한다.

**2** ㈜팔팔의 대표이사는 현재 55세로서 10년 후에 은퇴하려고 한다. 이 회사의 당기순이익은 매월 3,000만 원 정도 발생하는데, 이번에 10년 동안 보험에 가입해서 퇴직 후 65세가 되는 해부터 연금을 받으려고 한다. 만약 월 보험료로 500만 원을 지출하면 회계와 세무가 어떤 식으로 정리될까?

손익계산서

| 수익 | |
|------|------|
| 비용 | |
| 당기순이익 | 3,000만 원/월 |

재무상태표

| 자산 | | 부채 | 부채 4억 원 |
|------|------|------|------|
| | | 자본 | 자본금 1억 원<br>잉여금 20억 원 |
| 합계 | 25억 원 | 합계 | 25억 원 |

일단 앞에 대한 답을 표로 정리해보면 다음과 같다.

| 구분 | 55세~64세 | 65세 | 65세 이후 |
|------|-----------|------|-----------|
| 저축성보험 | 보험료 :<br>자산처리 | 계약자 명의변경→퇴직급여<br>비용처리 및 소득세처리 | 연금수령→이자소득세<br>과세* |
| 비고 | 소멸성보험료는<br>비용처리 | 법인법상 손금 인정 여부 및<br>퇴직소득 및 근로소득의<br>구분 필요 | 이자소득세 비과세<br>요건 검토 |

* 일반 저축성보험 차익에 대해서는 연금소득이 아닌 이자소득으로 과세되는 것이 원칙이다. 참고로 법인에서 개인으로 명의변경 시 10년 비과세 기간은 명의변경일을 기준으로 산정한다(단, 2013년 2월 15일 이전 가입분은 법인 가입일을 기준으로 산정한다).

〈추가분석〉

만일 회계처리를 자의적으로 하면 어떤 결과가 나오는지 잠깐 알아보자. 앞의 보험료 500만 원 중 50만 원은 소멸성보험료라고 하자.

### ① 보험료 전액을 비용으로 처리하는 경우

자산이 과소계상되고 이익이 축소되었다. 따라서 세무상 자산을 증가(유보)시켜야 하고, 이익을 늘려야 한다(익금산입). 늘어난 이익에 대해서는 법인세가 추징되는 동시에 가산세 등이 부과된다.

### ② 보험료 전액을 자산으로 처리하는 경우

자산이 과대계상되고 이익이 과대계상되었다. 따라서 세무상 자산을 축소하는 세무조정(△유보)과 이익을 축소(손금산입)하는 세무조정을 해야 한다. 이익을 축소하는 세무조정을 하게 되므로 늘어난 세금은 없다.

### ③ 500만 원은 자산으로 50만 원은 비용으로 처리하는 경우

올바른 회계처리이므로 세무조정은 없다.

그런데 실무에서는 보험의 회계처리가 정확하게 이뤄지지 않고 있다. 보험료 중 적립보험료와 소멸보험료를 나누는 것이 말처럼 쉽지 않기 때문이다. 이런 이유로 문제점이 다소 없는 ②와 같은 회계처리방법을 선호하고 있다.

법인이 임직원에게 지급한 인건비에 대해 법인법은 이에 대해 어떤 식으로 규제하고 있는지 살펴보자.

## 1. 임직원에 대한 인건비 규제

법인법상 임직원에 대한 세무처리는 다음과 같이 한다.

| 구분 | 수령인 | 세무처리 | 비고 |
|------|--------|----------|------|
| 급여 | 종업원 | 손금산입 | |
| | 임원 | 손금산입 | 비상근 임원의 보수는 원칙적으로 손금으로 인정되나, 부당행위계산으로 인정되면 손금불산입 |
| 상여 | 종업원 | 손금산입 | |
| | 임원 | 손금산입 | 정관·주주총회·이사회 등 결의에 의한 급여지급기준 초과 금액은 손금불산입하고 상여처분 |
| 퇴직 급여 | 종업원 | 손금산입 | 한도 초과액 : 근로소득으로 봄. |
| | 임원 | 손금산입 한도 : <br>·정관 또는 정관에서 위임된 퇴직급여 지급규정에 규정된 금액(퇴직위로금 포함) <br>·정관 등에 규정이 없는 경우 : 퇴직 전 1년간 총급여×1/10× 근속연수 | 임원 퇴직금 한도 초과액 : 손금불산입(초과분 상여로 보아 과세) |

## 2. 임원 퇴직소득세 계산법

임원에 대한 퇴직소득세 관련 내용은 법인보험마케팅의 핵심에 해당한다. 법인이 보험금을 받은 후 이를 대표이사의 퇴직금으로 대체할 때 퇴직소득세가 발생하기 때문이다. 따라서 이 과정에서 퇴직소득세가 많이 나온다면 법인보험마케팅의 동력이 약해질 수밖에 없다. 참고로 퇴직소득세* 계산법이 상당히 복잡하다. 따라서 정확한 세액계산은 국세청 등에서 마련하고 있는 자동계산기 기능을 통해 확인하기 바란다.

* 대표이사가 퇴직연금에 가입한 후 연금을 받을 때는 퇴직소득세가 아닌 연금소득세로 부과된다.

### 1) 임원의 퇴직소득세를 계산하는 절차

| 1차 | 2차 | 3차 |
|---|---|---|
| 법인법상 퇴직금 계산 | 소득법상 퇴직소득과 근로소득의 구분 | 퇴직소득세 계산 |
| 한도 : 내부 규정 또는 1년 연봉×10%×근속연수 | 퇴직소득 : 3년간 평균급여× 10%×2 또는 3배수* | 근속연수공제, 환산급여공제, 연분연승법 |

* 다음 ②를 참조하기 바란다.

### ① 법인법상 임원 퇴직금 한도

법인법에서는 임원 퇴직금에 대해 다음과 같이 지급한도액을 정하고 있다. 따라서 이 한도를 초과해서 지급한 경우에는 법인의 비용으로 인정하지 않는 한편, 해당 금액을 임원의 상여로 보아 근로소득세를 부과한다(법인령 제44조 제4항 및 제5항 참조).

| 구분 | 임원퇴직급여 한도액 |
|---|---|
| 1. 정관(위임규정포함)에 퇴직급여(퇴직위로금 포함)로 지급할 금액이 정해진 경우 | 그 정관(위임규정 포함)에 정해진 금액 |
| 2. 그 외의 경우 | 퇴직 전 1년간 총급여액×10%×근속연수 |

② 소득법상 퇴직소득과 근로소득의 구분

2012년 이후에 임원이 받은 퇴직금은 모두 퇴직소득으로 보지 않는다. 퇴직금을 모두 퇴직소득으로 인정하면 근로소득으로 처리되는 것보다 세금이 크게 줄어들 수 있기 때문이다. 이에 따라 소득법 제22조에서는 다음의 식으로 계산된 금액만을 소득법상 퇴직소득으로 보고 있다. 물론 이 금액을 초과한 소득은 근로소득으로 본다.

$$\text{퇴직한 날부터 소급해서 3년(근무기간이 3년 미만인 경우에는 해당 근무기간으로 한다)동안 지급받은 총급여의 연평균환산액} \times \frac{1}{10} \times \frac{\text{2020년 1월 1일 이후의 근무기간}}{12} \times 2\text{배}^*$$

\* 2012년 1월 1일부터 2019년 12월 31일까지는 3배수를 적용한다.

### 2) 퇴직소득세 계산사례

K 씨는 ㈜한국에 2004. 01. 01에 입사했고 2023. 12. 31 퇴사했다. K 씨의 근속연수는 20년이며 최종 퇴사 시 지급받은 퇴직급여는 1억 원이다. 이 경우 퇴직소득세는 얼마인가(국세청 사례)?

| 구분 | 계산근거 | 금액 |
|---|---|---|
| 퇴직소득 금액 | | 1억 원 |
| 근속연수공제(①) | 1,500만 원+(20년-10년)×250만 원 | 4,000만 원 |
| 환산급여 | (퇴직소득 금액-근속연수공제)÷근속연수×12 | 3,600만 원 |
| 환산급여공제(②) | 800만 원+(3,600만 원-800만 원)×60% | 2,480만 원 |
| 과세표준 | (환산급여-환산급여공제) | 1,120만 원 |
| 환산산출세액 | (과세표준×6~45%)-누진공제 | 67만 2,000원 |
| 산출세액 | (과세표준×6~45%)÷12×근속연수 | 112만 원 |

## ① 근속연수공제

| 5년 이하 | 근속연수×100만 원 |
|---|---|
| 10년 이하 | 500만 원+(근속연수-5)×200만 원 |
| 20년 이하 | 1,500만 원+(근속연수-10)×250만 원 |
| 20년 초과 | 4,000만 원+(근속연수-20)×300만 원 |

## ② 환산급여공제

| 800만 원 이하 | 전액 공제 |
|---|---|
| 7,000만 원 이하 | 800만 원+(환산급여-800만 원)×60% |
| 1억 원 이하 | 4,520만 원+(환산급여-7,000만 원)×55% |
| 3억 원 이하 | 6,170만 원+(환산급여-1억 원)×45% |
| 3억 원 초과 | 1억 5,170만 원+(환산급여-3억 원)×35% |

부록

영리법인
실전
보험마케팅

# 법인의
# 보장성보험 마케팅

기업은 인적요소와 물적요소가 결합해서 운영된다. 그런데 대표이사나 핵심인재 등이 불의의 사고 등을 당할 때는 기업의 영속성에 문제가 발생한다. 따라서 이들을 대상으로 하는 정기보험 같은 보장성보험이 필요한데 이때 세무내용이 중요하다. 다음에서 이에 관한 내용을 알아보자.

## 1. 보장성보험료 지출과 세무상 쟁점

법인의 임원을 위한 보장성보험에 대한 마케팅은 다음과 같이 계약 변경을 핵심으로 한다.

| 당초 계약 | |
|---|---|
| 계약자 | 법인 |
| 피보험자 | 대표이사 |
| 수익자 | 법인 |

▶

| 변경 계약 | |
|---|---|
| 계약자 | 대표이사 |
| 피보험자 | 대표이사 |
| 수익자 | 대표이사 |

이를 그림으로 표현하면 다음과 같다.

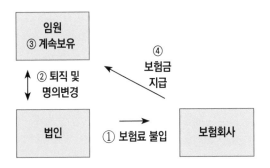

①의 경우 자산과 비용으로 구분하며, 법인이 수익자면 개인의 근로소득을 형성하지 않는 것이 원칙이다. ② 명의변경*의 경우, 보험증권의 평가문제, 퇴직금 비용인정 여부, 퇴직소득의 범위에 해당하는지 등이 문제가 되며, ③과 ④의 경우 개인에게 세금이 어떤 식으로 부과될 것인지가 쟁점이 된다.

* 퇴직 시에 법인에서 개인으로 명의를 변경하는 경우에는 4가지 쟁점이 발생한다.
· 보험금평가는 어떻게 할 것인가?→원칙적으로 명의변경일의 시가로 평가해야 한다.
· 법인의 비용처리는 인정할 것인가?→퇴직금으로 비용처리가 가능하다.
· 개인의 소득 구분은 어떻게 되는가?→지급한 퇴직금이 소득법상 퇴직소득 범위에 합당한지 판단해야 한다(8장의 절세 탐구 참조).
· 저축성보험의 경우 이자소득세 비과세가 적용되는가?→2013. 2. 15 전 계약은 최초 가입일~10년 이상 유지 시 비과세, 그 이후 계약은 명의변경일로부터 10년 이상 유지 시 비과세된다.

## 2. 적용 사례

❶ A 기업은 유통업을 영위하는 중소기업에 해당한다. 이 기업은 최근 계약자는 법인이고, 피보험자는 대표이사, 수익자는 법인으로 하는 소멸성 정기보험에 가입하려고 한다. 가입목적은 대표이사 사망으로 인한 리스크 방지를 위한 취지가 있다.

**Q1.** 보험료 납입 시 전액 법인의 비용으로 처리할 수 있는가?

그렇다. 다만, 이를 위해서는 다음과 같은 요건을 동시에 충족해야 한다.

- 퇴직기한을 정하지 않아 퇴직 시점을 알 수 없을 것
- 만기환급금이 0원일 것
- 전기납(만기까지 납부) 형태의 계약일 것

▶ 독자들은 임원을 대상으로 하는 보장성보험 비용처리에 대해서는 늘 관심을 두고 있어야 한다. 세법이나 해석을 개정해서 한도 규제 등을 도입할 가능성이 언제든지 있기 때문이다. 참고로 최근 경영인정기보험을 판매한 보험회사 등에 대한 금융감독원과 국세청의 감시가 강화되고 있다. 주의하기 바란다.

**Q2.** 퇴직 시에 해지 환급금을 퇴직급여로 처리 가능한가? 단, 이때 퇴직금은 보험증권으로 대체 가능하다는 문구를 정관에 삽입하고, 퇴직금은 '3년 치 평균연봉의 1/10 × 2배수 이내'로 적립한 후, 퇴직 시 해지 환급금으로 처리할 예정이다.

법인이 계약자와 수익자를 법인으로, 임원을 피보험자로 하는 보험에 가입하고, 임원 퇴직 시 보험의 계약자와 수익자를 법인에서 피보험자(퇴직 임원)로 변경하는 경우 법인이 부담한 보험은 퇴직 임원의 퇴직소득*에 해당한다(재소득-109, 2011. 03. 29).

* 이때 정관 또는 정관에서 위임한 임원퇴직급여 지급규정에 따라 불특정다수의 임원에게 동일하게 적용해서 지급하는 금액이 아닌 경우에는 근로소득세가 부과될 수 있다.

**2** K 법인은 대표이사인 J 씨가 퇴직하자마자 종신보험 계약을 다음과 같이 변경했다. 이때 총납부금액은 5억 원이었으나, 명의변경 시의 평가액은 4억 원에 불과했다.

자료

| 구분 | 계약자 | 피보험자 | 수익자 |
|------|--------|----------|--------|
| ① 변경 전 | K 법인 | 대표이사(J 씨) | K 법인 |
| ② 변경 후 | J 씨 | J 씨 | J 씨 |

**Q1.** 퇴직 시에 보험금을 해지한 경우 얼마로 평가되는가?

납입금액은 5억 원이었으나 퇴직 시에 해지하면 4억 원으로 평가된다. 1억 원은 보험 유지 기간 중에 소멸했다.

**Q2.** 퇴직 시에 보험금을 해지하지 않고 보험명의 변경을 개인으로 한 경우 얼마로 평가되는가?

이 경우에도 4억 원으로 평가하는 것이 타당하다. 이 금액에 퇴직 시의 공정가액에 해당하기 때문이다. 참고로 법인이 소멸성 보험료를 비용처리를 하지 않고 보험명의를 개인으로 변경한 경우가 있을 수 있다. 그런데 이러한 행위는 세법에 맞지 않는 세무처리가 된다. 따라서 이 경우 과거의 내용에 대해서는 자산감액 등의 세무조정이 필요하며, 명의변경 시에는 과다경비 계상에 따른 손금부인 및 퇴직소득세 등의 수정이 필요할 것으로 보인다. 따라서 이러한 문제점을 예방하기 위해서는 보험료를 납입할 때마다 정확한 회계처리를 하는 것이 중요할 것으로 보인다(자산가액 등에 대한 세무조정은 268페이지를 참조할 것).

**Q3.** 퇴직 후에 J 씨의 사망에 따라 10억 원의 사망보험금이 발생했다. 이에 대해서는 상속세가 나오는가?

상속세는 계약의 형태에 따라 과세판단을 해야 한다. 앞 사례의 계약이 다음과 같이 되어 있다면 해당 보험금은 J 씨의 유산에 해당하므로 상속재산가액에 포함될 수밖에 없다.

| 계약자 | 피보험자 | 수익자 |
|---|---|---|
| J 씨 | J 씨 | J 씨 |

---

### 🎯 돌발 퀴즈

만일 J 씨가 사망 전에 앞의 계약을 다음과 같이 또 변경한 경우의 과세문제는?

| 계약자 | 피보험자 | 수익자 |
|---|---|---|
| J 씨의 자녀 | J 씨 | J 씨의 자녀 |

이 경우 J 씨의 사망으로 발생한 보험금 10억 원은 J 씨의 돈으로 납입해서 발생한 것이므로 이 금액을 J 씨가 그의 자녀에게 증여한 것으로 본다. 참고로 사례의 경우 이렇게 증여한 금액은 J 씨의 상속재산가액에 포함되어 상속세로 정산될 가능성이 크다. 10년 누적합산과세가 적용되기 때문이다.

# 법인의
# 저축성보험 마케팅

법인이 저축성보험에 가입한 후 대표이사의 퇴직에 맞춰 보험금을 수령한 후 이를 퇴직금으로 지급한다고 하자. 물론 이때 대표이사는 해당 보험금을 연금식으로 받을 수도 있다. 다음에서 저축성보험에 대한 마케팅에 대해 알아보자.

## 1. 법인의 저축성보험 마케팅 절차

법인의 저축성보험에 대한 마케팅 절차의 흐름은 다음과 같다.

| 구분 | 항목 | 내용 |
|------|------|------|
| 계약 전<br>준비<br>단계<br>(STEP1) | 기초자료수집 | 사업 전반에 대한 검토(업종, 연혁 등) |
| | ▼ | |
| | 전략마련 | 해당 기업의 장점과 약점 파악 |

| | 정관 및 퇴직금 규정 확인 | 정관변경-법무사<br>▶ 퇴직금 규정 사전에 확인 | | |
|---|---|---|---|---|
| 계약<br>준비<br>단계<br>(STEP2) | ▼ | | | |
| | 재무제표 분석 | 재무상태표, 손익계산서, 현금흐름표 등을 통해 이익잉여금 규모, 부채 규모, 현금흐름, 주식보유상태 등을 파악 | | |
| | ▼ | | | |
| | 대안 마련 | 해당 기업에 맞는 대안을 도출 | | |
| 계약<br>단계<br>(STEP3) | 월납 보험료의 결정 | 기업경영에 부담이 되지 않는 선에서 도출(5~10년 납 이상 목표) | | |
| | ▼ | | | |
| | 계약의 체결 | **계약자** | **피보험자** | **수익자** |
| | | 법인 | 대표(임원) | 만기 시-법인 |
| | ▼ | | | |
| | 정관 등 전달 | 주주총회의 승인(의사록 포함) | | |
| 계약<br>유지<br>단계<br>(STEP4) | 계약의 변경(퇴직 시)→<br>보험증권 전달 | | **변경 전** | **변경 후** |
| | | 계약자 | 법인 | 대표이사 |
| | | 피보험자 | 대표이사 | 대표이사 |
| | | 수익자 | 법인 | 대표이사 |

앞의 내용 중 특히 임원 퇴직금 규정이 중요하다. 실무에서 보면 이 부분이 잘못되면 문제가 되는 경우가 많기 때문이다. 참고로 원래 임원 퇴직금은 정관에 규정되는 것이 원칙이나 이를 정관에 넣으면 번거롭다. 그래서 별도의 퇴직금 지급규정을 별도로 두고 있는 경우가 많다. 한편 퇴직 시에 보험명의 변경을 통해 지급되는 보험권리 증서상의 금액은 퇴직금으로 보는 것이 원칙이다(재소득-109, 2011. 03. 29).

## 2. 적용 사례

**1** K 법인에서 다음과 같이 계약을 변경했다(2014년에 최초 계약).

자료

| 보험료 납입 기간 | 월 납입보험료 | 계약변경 |
|---|---|---|
| 10년(법인) | 500만 원 | 법인→개인(임원) |

**Q1.** 계약자와 수익자가 법인인 계약에서 대표이사의 퇴직 시에 맞춰 보험 수익자를 대표이사로 변경하면 무슨 소득인가?

이는 대표이사의 퇴직소득에 해당한다.

※ 관련 예규 : 재소득-109, 2011. 03. 29

법인이 계약자와 수익자를 법인으로, 임원을 피보험자로 하는 저축 성보험에 가입하고, 임원 퇴직 시 저축성보험의 계약자와 수익자를 법 인에서 퇴직 임원으로 변경하는 경우 법인이 부담한 저축성보험은 퇴 직 임원의 퇴직소득에 해당함.

**Q2.** 사례에서 대표이사가 바로 연금을 받으면 이자소득세가 비과세될까?

아니다. 2013년 2월 15일 전 계약분은 법인이 계약한 날로부터 10년 이상 유지하면 비과세가 가능하나, 그 이후 계약분은 명의변경일 로부터 10년을 유지해야만 비과세가 적용되는 것으로 세법이 개정되 었기 때문이다.

**Q3.** Q2에서 대표이사가 수령한 연금은 왜 이자소득에 해당할까?

세제적격 연금보험이나 퇴직연금에 해당하지 않으면 일반 저축성보험에 해당하기 때문이다. 참고로 원금과 이자의 구분은 보험사에서 하게 된다.

**2** ㈜대호의 전 대표이사 P 씨가 퇴직할 때 받은 보험증서를 통해 연금을 받다가 최근 사망했다. 그의 보험재산을 제외한 유산은 10억 원가량이고 금융재산공제를 제외한 상속공제액은 10억 원이다. 이 연금은 자녀에게 상속이 되는데, 잔여 수령 기간은 2년이다. 매월 받는 연금이 500만 원이라면 상속세는 얼마가 될까?

P 씨의 상속인들은 24월간 총 1억 2,000만 원의 연금을 수령하게 된다. 그러나 현행 세법에서는 이처럼 기간이 확정된 경우에는 다음과 같은 방법으로 평가하도록 하고 있다(유기정기금 평가방법).

$$\sum \frac{\text{각 연도에 받을 정기금액}}{(1+\text{이자율})^n}$$

따라서 앞의 식으로 평가한 후 이에 20%의 금융재산공제를 적용한 과세표준에 10~50%의 세율을 적용해서 산출세액을 계산하면 다음과 같다.

| 보험금평가액 | 금융재산공제(20%) | 과세표준 | 산출세액(10%) |
|---|---|---|---|
| 약 8,400만 원 | 1,680만 원 | 6,720만 원 | 672만 원 |

한편, 사례처럼 퇴직금으로 보험증권을 받아 연금 등을 받으면 대부분 이자소득으로 과세될 것으로 보인다.

| 구분 | 2013. 2. 15 전 계약분<br>개인으로 변경 시 | 2013. 2. 15 이후 계약분<br>개인으로 변경 시 |
|---|---|---|
| 보장성보험 | 원칙적으로 소득세 과세 제외 | 좌동 |
| 저축성보험 | 법인 가입일 기준 10년 유지 시<br>비과세 | 명의변경일 기준 10년 유지 시<br>비과세 |

# 퇴직연금과 저축성보험의
# 동시 마케팅

임원들도 종업원들처럼 퇴직연금에 가입하는 경우가 많다. 사내에 퇴직금 재원을 확보하는 퇴직급여충당금 제도가 폐지된 상황에서 그렇다. 그런데 임원에 대한 퇴직금 재원을 일반 저축성보험으로 마련하는 경우도 있다. 그 결과 가입방법에 따라 다양한 세무상 쟁점이 발생한다. 다음에서 이와 관련된 내용들을 정리해보자.

## 1. 대표이사의 퇴직연금 등과 세무상 쟁점

대표이사의 퇴직금 마련을 위해 퇴직연금과 일반 저축성보험에 어떤 식으로 가입하는지에 따라 세무상 쟁점이 달라질 수 있다. 이를 정리하면 다음과 같다.

| 퇴직연금만 가입* | 저축성보험만 가입 | 퇴직연금과 저축성보험 모두 가입 |
|---|---|---|
| 지출 시 비용처리를 할 수 있다. 개인은 연금소득세를 내야 한다. | 보험금 수령 후 퇴직금 지급 시 법인은 비용처리, 개인은 소득세 처리를 해야 한다. | 2가지의 내용이 동시에 발생한다. |

* 근로자퇴직급여 보장법 제4조 제1항에 따라 근로자에 대해서는 의무적으로 퇴직급여 제도(퇴직금제 또는 퇴직연금제)를 설정해야 하나, 그 이외의 자에 대해서는 설정할 의무가 없다. 따라서 근로자가 아닌 임원에 대해 퇴직연금 적용대상으로 할지는 사업장별로 자유롭게 정할 수 있다. 다만, 근로자는 제외하고 대표이사만 이에 가입하는 것은 허용되지 않는다. 참고로 퇴직연금 납입액은 '연간 임금총액의 12분의 1 이상에 해당하는 부담금'으로 되어 있으므로 사실상 한도가 없다.

## 2. 적용 사례

K 법인은 대표이사 등에 대한 퇴직금 지급방법을 고민하고 있다.

> **자료**
> • 정관상 퇴직금 한도액 : 퇴직 전 3년간 평균급여×1/10×2배×근속연수
> • A 대표이사의 퇴직 전 3년간 평균급여 : 1억 원
> • A 대표이사의 근속연수 : 5년

**Q1.** A 대표이사의 퇴직금 한도액은 얼마인가?

임원 퇴직금은 정관 등에서 정해진 객관적인 기준에 의한 금액에 따라 지급되어야 세무상 문제가 없다. 사례의 경우에는 다음과 같이 계산된다.

• 정관상 퇴직금 한도액 : 퇴직 전 3년간 평균급여×1/10×2배×근속 연수=1억 원×1/10×2배수×5년=1억 원

**Q2.** 만일 퇴직연금으로 매년 1,000만 원을 납입해 왔다면 문제가 없는가?

임원 퇴직금은 한도 내에서 지급되면 문제가 없으므로 사례의 경우에는 문제가 없는 것으로 판단된다.

**Q3.** 퇴직 시에 한도 내에서 추가 퇴직금을 지급할 수 있는가?

퇴직연금에 의해 지급된 금액 외에 부족분은 현금 등으로 추가 지급

해도 문제가 없을 것으로 판단된다.

**Q4.** 퇴직연금 외에 일반 저축성보험도 가능한가?
당연히 가능하다.

### ※ 퇴직연금(DC형)과 일반 저축성보험의 비교

| 구분 | 퇴직연금(DC형) | 일반 저축성보험 |
|---|---|---|
| 보험료 납입 시 | · 법인 : 손금 혜택<br>· 개인 : 세액공제 없음.* | · 법인 : 자산처리<br>· 개인 : 세액공제 없음. |
| 추가납입 | 가능 | 가능 |
| 중도인출 | 불가능 원칙 | 가능 |
| 퇴직 시 | · 법인 : 회계처리 없음. | · 법인 : 퇴직금처리<br>· 개인 : 퇴직소득세(일부 근로소득<br>세도 가능) |
| 개인이<br>연금수령 시 | · 개인 : 연금소득세 과세 | · 개인 : 이자소득세 과세(단, 일부<br>비과세 가능) |

* 단, IRP 계좌에 개인이 직접 납입한 경우에는 세액공제를 적용함.

▶ 실전에서는 개인연금저축과 퇴직연금, 일반 저축성보험 등을 가지고 포트폴리오를 구성해서 마케팅하는 것이 좋을 것으로 보인다.

> **Tip** 대표이사가 퇴직연금에 가입하는 것과 정기보험에 가입하고 해지 후 퇴직금처리한 것 중 어떤 것이 실익이 있을까(챗GPT 답변)?

**1. 퇴직연금 가입**
① 장점
• 세제 혜택 : 퇴직연금에 대한 기여금은 세액공제를 받을 수 있어, 소득세 부담을 줄일 수 있다.

- 퇴직금 안정성 : 퇴직연금은 금융기관이 운영하므로 안정적인 수익률을 기대할 수 있다.
- 장기적인 자산관리 : 퇴직연금은 장기 투자로 설정되며, 퇴직 후 안정적인 수입원이 될 수 있다.

② 단점
- 유동성 제한 : 퇴직연금은 퇴직 시까지 인출할 수 없으므로, 긴급 자금이 필요할 때 유동성이 떨어질 수 있다.
- 법적 규제 : 퇴직연금은 법적 규제가 있어, 특정 기준에 따라 운영되므로 유연성이 떨어질 수 있다.

## 2. 정기보험 가입 후 해약
① 장점
- 자산 유동성 : 정기보험에 가입한 후 해약하면, 필요한 경우 현금을 즉시 확보할 수 있다. 이는 유동성이 필요한 경우에 유리하다.
- 보장 기능 : 정기보험은 보험사고 발생 시 일정 금액의 보험금 지급으로 보장 기능이 있다.

② 단점
- 세금문제 : 해약 시 발생하는 해약 환급금은 비과세가 아니며, 과세소득으로 처리될 수 있다. 이는 세금 부담을 증가시킬 수 있다.
- 저조한 수익률 : 정기보험은 일반적으로 투자 수익률이 낮고, 해약 환급금이 기여한 보험료보다 적을 수 있다.
- 퇴직금 보호 : 정기보험 해약 후 받는 금액은 퇴직금으로 인정받지 못하는 경우가 발생할 수 있다.

## 3. 결론
- 퇴직연금 : 퇴직연금은 세제 혜택과 안정성을 제공하며, 퇴직 후 소득을 보장할 수 있는 장점이 있다. 안정적인 자산관리를 선호할 때 적합하다.
- 정기보험 해약 : 정기보험은 유동성이 뛰어나고 보장성 기능이 있는 장점이 있으나, 세금 부담과 낮은 수익률이 단점이다. 단기적인 자금과 보장 기능이 필요한 경우에 적합할 수 있다.

**절세탐구1** | **CEO와 기업이 자산을 임대차하는 방법**

　기업의 CEO들은 개인이 보유한 부동산이나 특허권, 미술품 같은 자산을 기업에 임대할 수 있다. 그런데 CEO와 기업은 대부분 특수관계인에 해당한다. 이에 대해 세법은 임대차거래 등을 통해 세금을 부당하게 낮추는 것을 방지하기 위한 다양한 제도를 두고 있다. 다음에서는 이러한 관점에서 CEO와 기업이 자산에 대해 임대차를 하는 방법에 대해 알아보자.

## 1. CEO와 기업이 임대차계약을 하기 전에 고려해야 할 것들

　첫째, 임대차계약에 따라 발생하는 세금 항목을 정리해야 한다.
　개인이 자산을 임대하는 경우에는 임대료에 대해 부가가치세와 소득세가 발생한다. 한편, 기업(개인사업자와 법인을 말함)이 지급하는 임차료는 원칙적으로 기업의 비용에 해당한다.

　둘째, 임대차계약의 내용에 따른 세금 관계를 정리해야 한다.
　임대차계약이 제3자와 같은 시가를 기준으로 진행되면 문제가 없으나, 시가보다 저가나 고가로 계약이 되면 세법은 이에 대해 다양한 규제를 적용하게 된다. 표로 정리하면 다음과 같다.

| 구분 | 임대인(개인) | 임차인(법인인 경우) |
|---|---|---|
| 시가로 임대 | 세무상 쟁점이 없음. | 좌동 |
| 저가(무상)로 임대 | 시가로 임대한 것으로 보아 소득세를 과세 | · 법인 : 규제 없음.<br>· 주주 : 시가와의 차액을 주주(자녀 등)가 증여받은 것으로 봄(단, 주주당 이익이 1억 원 이상 시 과세됨). |
| 고가로 임대 | 증여세 과세 | 법인 : 시가초과분 임대료는 비용으로 인정하지 않음. |

표에서 시가로 임대하지 않으면 개인과 법인에 대해 다양한 규제가 적용된다는 것을 알 수 있다. 예를 들어 개인이 기업에 무상임대를 하면 시가인 임대료를 총 수입금액에 산입해서 소득세를 신고·납부해야 한다(소득법 제41조).

셋째, 세법상의 시가를 어떻게 정할 것인지 늘 염두에 둬야 한다.

CEO와 기업 간 임대료 책정 시 주변의 시세와 비교하는 것이 좋다. 만일 이를 확인하기 힘든 경우에는 감정평가를 받는 것도 하나의 방법이다. 참고로 세법은 임대료에 대한 시가를 다음의 순서로 정하도록 하고 있다.

> • 제3자 간에 일반적으로 거래되는 가격(시가)→시가가 없는 경우 감정가액과 상증법상 평가액→감정가액 등이 없는 경우 '당해 자산의 시가의 100분의 50에 상당하는 금액 ×정기예금이자율(2024년 3.5%)'

한편, 이 외에도 CEO와 법인 간의 거래는 이사의 자기거래에 해당해서 이사회의 결의(자본금 10억 원 미만 법인은 주주총회 결의)가 필요하므로 이에 대한 근거를 남겨 둬야 한다(상법 제398조).

## 2. 적용 사례

CEO와 기업 간의 임대차거래는 현장에서도 많이 볼 수 있다. 사례를 통해 앞의 내용을 확인해보자. ㈜성공의 K 사장은 다음과 같은 자산을 보유하고 있다.

- A 건물 : 사무실이며 월 500만 원이 적정임대료임.
- B 주택 : 개인이 보유한 주택에 해당함.
- C 특허권 : 감정평가기관을 통해 감정을 받음.
- D 미술품 : 개인이 소장하고 있는 미술품에 해당함.
- E 승용차 : 개인이 소유하고 있는 자동차를 말함.

**Q1.** ㈜성공이 A 건물을 임차할 시 월 500만 원 대신에 임대보증금으로 지급해도 되는가?

그렇다. 임대차계약은 자유롭게 하면 되기 때문이다. 물론 임대보증금이 적정해야 한다. 계약이 체결되면 K 사장은 법인으로부터 임대료 대신에 임대보증금을 받게 된다. 실무에서는 이렇게 자금을 조달해서 법인의 가지급금 상환에 사용하기도 한다.

**Q2.** B 주택을 ㈜성공이 K 사장으로부터 임차해서 종업원이나 임원의 숙소로 사용하면 어떤 문제점이 있을까?

㈜성공은 K 사장으로부터 임차한 주택을 무상이나 저가로 종업원의 숙소로 제공할 수 있다. 이때 세법은 ㈜성공이 지급하는 월세는 비용으로 인정하나, 종업원이 무상이나 저가로 이용한 경우의 차액은 급여로 보게 된다. 한편, 임원이 숙소로 사용한 때도 종업원과 차이가 없지만, 주주인 임원(소액주주는 제외)이 무상이나 저가로 사용하면 ㈜성공이 지급한 월세는 업무 무관 비용으로 볼 수 있다(부당행위계산부인). 따라서 이때는 제대로 사용료를 받아야 한다.

**Q3.** C 특허권을 ㈜성공이 대여받고, 이에 대한 대가를 지급할 때 세금계산서를 받아야 하는가?

특허권의 대여가 일시적이면 기타소득, 계속적이면 무형재산권 임대업(업종코드 749934)이 된다. 따라서 후자에 해당하면 원칙적으로 세금계산서를 발급해야 한다.

**Q4.** D 미술품을 ㈜성공에서 임차한 경우 이에 대한 임차료를 비용으로 처리할 수 있는가?

장식이나 환경미화 등의 목적으로 사무실 복도 등 여러 사람이 볼 수 있는 공간에 항상 전시하는 미술품은 업무 관련 자산에 해당한다. 따라서 ㈜성공이 이에 대한 임차료를 지급해도 비용처리를 할 수 있다. 참고로 그림의 취득가액이 거래단위별로 1,000만 원 이하인 것은 자산이 아닌 비용으로 처리할 수 있다. 그런데 개인기업은 이에 대한 처리규정이 미비한 탓에 비용처리가 쉽지 않은 실정이다.

**Q5.** E 승용차를 ㈜성공이 임차하면 운행기록작성 등을 통해 비용처리를 해야 하는가?

아니다. 리스나 렌탈회사가 아닌 개인으로부터 차량을 임차한 경우에는 규제대상이 아니다. 따라서 이러한 규제 없이 실제 지급한 임차료를 비용으로 처리할 수 있다(개인은 소득세 과세됨).

법인의 잉여금은 세후 이익 중 법인에 유보된 이익금을 말한다. 이러한 잉여금은 궁극적으로 주주에게 배당될 재원에 해당한다. 그런데 이러한 잉여금이 많으면 세무상 다양한 쟁점이 발생한다. 다음에서는 잉여금 관련 기업의 고민과 이에 대한 해결책에 대해 알아보자.

## 1. 과다 잉여금을 보유한 법인의 문제점

잉여금이 과소한 경우보다 과다한 경우에 세무상 쟁점이 발생할 가능성이 크다. 이를 좀 더 자세히 알아보면 다음과 같다.

첫째, 배당압력이 높아진다.

잉여금은 주주들에게 배당할 재원이므로 이의 금액이 많으면 배당압력이 높아진다. 그 결과 현금유출이 가속화될 가능성이 커진다.

둘째, 가지급금이 발생할 가능성이 크다.

잉여금이 늘어나면 현금 등 자산이 증가하게 되고 회사 내부에 현금이 많아지면 무분별한 인출이 커질 가능성이 커진다. 이는 곧 가지급금의 증가를 의미한다.

셋째, 주식 가치가 커져 상속세나 증여세 등이 많이 나올 가능성이 크다.

주식 가치가 커지면 주주의 재산이 늘어나게 되고 이러한 주식을 이전받을 때 상속세나 증여세가 많아지게 된다. 한편, 이를 매매한 경우에는 양도소득세가 많아지게 된다. 또한, 주식 가치가 상승해서 가업 승계 등에서 걸림돌로 작용할 수 있다.

넷째, 청산 시 세금이 크게 발생할 가능성이 크다.

법인을 청산할 때 청산소득이 발생하면 법인세가 추가되며, 잔여재산가액을 분배받은 주주에게는 배당소득세가 발생한다.

한편, 잉여금이 너무 적어도 회사 가치가 감소해서 신용이 하락하는 등의 문제점이 있다.

※ 과다·과소한 잉여금과 장단점

| 구분 | 과도한 잉여금 | 과소한 잉여금 |
|------|-------------|-------------|
| 장점 | 재무구조가 견실해짐. | 주식 가치 하락으로 인해 상속세 등이 감소함. |
| 단점 | · 배당압력이 증가함.<br>· 가지급금이 발생할 가능성이 큼.<br>· 주식 가치 상승으로 인해 상속세 등이 증가함.<br>· 청산 법인세와 배당소득세가 나올 가능성이 큼. | · 재무구조가 불량해짐.<br>· 대외 신용도 하락해서 자금조달 등에서 불리하게 작용함. |

## 2. 과다 잉여금을 해소하는 방법

잉여금은 자기회사의 규모에 맞게 적정하게 관리할 필요가 있다. 따라서 과다 또는 과소잉여금 모두 문제가 되지만, 이 중 전자가 더 큰 영향을 준다. 따라서 이에 대한 해결책을 모색할 필요가 있다.

첫째, 적정 잉여금을 추산해야 한다.

자사의 상황에 맞게 적정 잉여금을 추산해내고 어떤 식으로 관리할 것인지 이에 대한 대책을 세울 필요가 있다.

둘째, 비용처리 등을 통해 잉여금을 해소하는 방안을 지속해서 강구해야 한다.

이에는 비용을 발생시키는 방법, 예를 들어 직원들의 복리후생을 강화하거나 임원의 퇴직금 등으로 처리하는 방식 등이 있을 수 있다. 퇴직금도 비용이므로 궁극적으로 잉여금을 줄일 수 있기 때문이다.

셋째, 전략적으로 이익을 소각하는 방법 등도 추가로 검토한다.

이 방법은 주식소각을 통해 잉여금을 감소시키는 것을 말하며 다음과 같은 식으로 처리하는 것을 말한다.

| 자기주식 취득 시 | 자기주식 소각 시 |
|---|---|
| (차변) 자기주식 ××× (대변) 현금×××* | (차변) 잉여금 ××× (대변) 자기주식 ××× |

\* 이 자금으로 가지급금을 상환할 수도 있다.

예를 들어, 어떤 법인이 3인 주주(40%, 40%, 20%)로 구성되어 있고 누적잉여금이 10억 원이라고 하자. 이때 법인은 주주들로부터 주식을 1억 원에 매입(자기주식)한 후 이의 소각 시 잉여금과 상계할 수 있다. 이렇게 하면 법인의 발행주식 수는 감소하지만, 자본금은 변함이 없다. 잉여금만 감소했기 때문이다. 따라서 이에 대한 세무조정은 없다. 다만, 주주에 대한 배당소득세 등의 문제가 발생한다. 한편, 이러한 전략을 수행할 때는 조세회피 행위가 되지 않도록 해야 한다. 예를 들어 주식을 시가에 맞춰 배우자에게 증여 후 법인에 주식을 양도하는 행위가 조세회피 행위에 해당할 수 있다는 최근 조세심판원의 결정이 있었다(조심 2020부1593, 2020. 09. 15). 이 심판원의 결정문을 보면 배우자에게 주식을 증여하고 법인에 해당 주식을 유상으로 양도한 후 이를 소각하는 과정은 '조세회피의 목적'에서 비롯된 것이므로 주식의 실제 소유자(사례의 경우 대표이사)에게 종합소득세를 과세해야 한다는 것이다(국세기본법 제14조 적용). 다만, 증여받은 자에게 양도금액이 귀속되면 증여자에게 과세할 수 없다(대법원 판례 참조. 선고 2024두24659, 2024. 9. 12). 한편 2025년부터 주식에 대해서도 이월과세제도가 적용된다. 이월과세 적용 기간은 1년이므로 증여받은 후 1년 이내에 이를 양도하면 당초 증여자가 취득한 가액을 취득가액으로 하여 양도차익을 계산하게 된다. 이러한 유형의 방식은 사전에 검토할 것들이 많으므로 실무에 적용 시에는 세무회계 전문가를 통해 진행하는 것이 좋을 것으로 보인다.

### ※ 참고 : 감액배당

자본잉여금이 풍부한 법인은 상법 제461조의 2에 따라 이를 감액해서 배당할 수도 있다. 이는 이익잉여금 성격이 아니므로 배당소득에서도 제외된다.

---

**상법 제461조의2(준비금의 감소)**
회사는 적립된 자본준비금 및 이익준비금의 총액이 자본금의 1.5배를 초과하는 경우에 주주총회의 결의에 따라 그 초과한 금액 범위에서 자본준비금과 이익준비금을 감액할 수 있다(본조신설 2011. 4. 14).

가업상속공제는 기업 승계와 관련된 아주 중요한 제도다. 자세한 것은 상증법 제18조를 참조하기 바란다.

| 구분 | | 내용 | 비고 |
|---|---|---|---|
| 적용대상 | | · 중소기업<br>· 매출액 5,000억 원 미만인 중견기업 | 개인과 법인 모두에게 적용됨. |
| 공제 한도 | | · 가업 영위 기간 10~20년 미만 : 300억 원<br>· 20~30년 미만 : 400억 원<br>· 30년 이상 : 600억 원 | 가업 상속공제대상 자산(업무용)에 한함. |
| 피상속인 지분요건 | | 최대주주 & 지분 40%(상장 20%) 이상 10년 보유 | 피상속인은 일정 기간*대표이사로 재직해야 함.<br>* 전체 기간 중 50% 이상, 상속개시일 전 소급해서 5년 이상, 또는 상속인이 대표이사로 10년 이상 재직 등 |
| 상속인 요건 | | · 상속개시일 현재 18세 이상 & 상속개시일 2년 전부터 가업에 직접 종사<br>· 신고기한까지 임원으로 취임하고, 2년 내 대표자로 취임(상속인의 배우자가 사전·사후 요건 충족 시에도 가업상속공제 허용) | |
| 사후관리 | 사후 관리 기간 | 5년 | |
| | 고용 유지 | (5년 통산) 정규직 근로자 수 100% 이상 또는 총급여액 90% 이상 | 매년 정규직 수 80% 이상 또는 총급여액 80% 이상 요건은 삭제됨. |
| | 자산 유지 | 가업용 자산의 40% 이상 처분 제한 | |

**신방수 세무사의**
# 확 바뀐
# 보험 절세 가이드북
## 실전 편

제1판 1쇄  2025년 1월 10일

지은이  신방수
펴낸이  한성주
펴낸곳  ㈜두드림미디어
책임편집  신슬기
디자인  김진나(nah1052@naver.com)

**㈜두드림미디어**
등  록  2015년 3월 25일(제2022-000009호)
주  소  서울시 강서구 공항대로 219, 620호, 621호
전  화  02)333-3577
팩  스  02)6455-3477
이메일  dodreamedia@naver.com(원고 투고 및 출판 관련 문의)
카  페  https://cafe.naver.com/dodreamedia

ISBN  979-11-94223-29-0 (03320)